钱 坤 著

专利权质押融资理论与实践研究

THE THEORY AND PRACTICE STUDYING
OF PATENT-BACKED LOANS

社会科学文献出版社
SOCIAL SCIENCES ACADEMIC PRESS (CHINA)

本书为江苏高校现代服务业协同创新中心、江苏高校人文社会科学校外研究基地"江苏现代服务业研究院"和江苏高校优势学科建设工程资助项目（PAPD）的研究成果，江苏高校品牌专业建设工程资助项目、国家教育部人文社科基金青年项目（14YJCZH116）以及江苏省高校哲学社会科学研究基金资助项目（2014SJB125）阶段性研究成果。

序　言

　　知识经济环境下，知识资本将逐步代替实物资本、金融资本，成为经济发展的重要推动力。专利权质押融资（Patent Backed Loans）是利用专利权进行融资担保，实现科技型企业将"知本"转化为"资本"的一种创新途径。虽然各地政府都争相推出专利权质押的相关配套政策，但调查发现，企业利用专利权质押融资的实际效果及成功率并非尽如人意。现有的文献对这方面的研究大部分还处于经验分析和定性分析阶段，系统的理论分析和定量研究还比较欠缺，本书首先基于银行信贷模式，针对专利权质押融资问题，尝试从银企之间的演化博弈策略分析、质押融资的专利权价值分析以及银行信贷合约设计等几方面进行研究；紧接着，针对近年来快速发展的P2P互联网金融模式，基于理论和实践结合的视角，分析科技型企业专利权质押与"互联网+"融资模式对接存在的问题并提出相应的政策建议，为参与专利权质押融资的各方主体提供相应的决策参考。具体结论概括如下。

　　（1）银企信息不对称的事实下，加强信贷资金安全成为关乎银企双方关系的重要问题，在"自然"条件下，银行和企业之间的博弈演化趋势受系统的初始条件制约，并由各种影响银企支付矩阵的关键参量决定。专利权质押融资的特殊性、专利权的评估问题以及贬值问题的客观存在，显著影响了银行和企业的相关决策。研究发现影响银行决策的关键参量有两个,即企业的违约概率和专利权的贬值率,而且,银行和企业之间的博弈演化趋势显著依赖系统初始状态和相关参量的取值,因此,在研究过程中进一步建立了考虑政策扶持的演化博弈模型,通过加入贷款贴息以及担保补贴参量,银企之间关于专利权质押融资的"合作"演化趋势得到了增强。

(2) 评估风险是专利权质押融资的首要风险,由于影响专利权价值的因素有很多,专利资产评估往往只对专利的经济因素进行考察,这造成评估结果的风险披露信息不足。基于质押融资情景的专利价值分析研究发现,评估专家对法律、技术以及经济维度从高向低排序为法律、经济和技术,说明针对质押融资情景,专利价值构成的三个维度的权重是有区分的,专利的法律价值维度权重最高。并且实践案例分析显示,其所构建的给予质押融资的专利价值分析指标模型具有可操作性和实用性,这不仅为银行对专利权进行筛选和价值分析提供了系统的方法,同时可以弥补专利权评估理论的不足,为银行设定相应的质押率提供决策参考。同时,专利价值分析可以作为专利评估的先导程序,考虑到实践过程中企业融资成本和融资收益的平衡问题,本书对专利权价值分析业务的开展以及与现有专利评估业务结合提出了针对性意见。

(3) 在银行信贷模式下,基于专利权质押融资的情景,考虑时间贬损性和技术替代性,构建基于不完全信息条件下的最小最大遗憾准则的信贷决策模型,分析得出了专利权质押贷款终期价值的解析解,并结合 Kuhn-Tucker 条件给出了专利价值的概率分布在最"糟糕"情形下银行贷款利率和配给量的最优解。研究发现,专利作为质物的特殊性表现在:其价值的概率分布呈现近似两点分布的极限情形,这与一般有形资产作为质物显著不同;找到了信贷终期专利价值的解析解,其值由只考虑专利市场需求变化时的价值、一阶原点矩以及二阶原点矩等参量决定,由于已知一阶原点矩和二阶原点矩可以计算方差，所以在现实应用中可以通过估计专利在信贷终期的均值和方差来反向计算上述参量。对不完全信息下的专利权质押银行信贷决策模型求解后，可以发现银行的贷款利率与专利的信贷终期价值呈负相关关系，这表明企业利用质量优异的专利可以有效降低融资成本。银行对专利权质押融资的配给量与专利的终期价值未发现明确相关性，这说明银行对专利权质押贷款的配给决策还需要考查专利价值以外的因素。

（4）与银行传统信贷模式相比，P2P网贷模式作为创新型直接融资方式，借助互联网技术，衍生出了去中心化的交易结构，使得资金需求的直接匹配更加容易，提高了资金的使用效率，一定程度上拓展了科技型小微企业的融资渠道。本书根据国内专利权质押融资创新实践，从科技型小微企业特点及融资约束着手，对国内外文献研究进行了细分，着重分析了科技型小微企业"互联网+"融资模式存在的问题并从构建行业技术专利池，建设专利权质押综合服务平台，规范担保机构运营、加强科技型小微企业政策担保补偿，完善专利权质押保险制度、推进专利权质押保险业务发展，完善科技型小微企业征信体系建设，创新科技型小微企业信用评分机制建设以及完善行业监管细则、助力科技型小微企业融资七方面提出相应的政策建议。

本书的写作得到众多老师和朋友的关心和帮助，在此谨致以衷心的感谢。本书主体内容是在博士阶段研究工作基础上完成的，在此首先感谢南京大学工程管理学院沈厚才教授，在沈老师的引导下，我走入管理科学与知识产权融资结合的研究领域，本书从选题、研究视角及研究方法的确定，到最后的撰写和修改，无不倾注着他无私的心血。沈老师严谨治学的态度、敏锐的洞察力、不懈的探索精神以及宽厚待人的学者风范让我受益终身，是我欣赏和永远追求的标杆。同时，在研究过程中，感谢黄忠全博士后所负责的江苏五星资产评估有限责任公司及全体同仁给予的大力支持，他们使我的研究工作与评估实践工作能够得到紧密的结合；感谢殷倩波博士，在关键环节是他的帮助让我的研究难关得以攻克；感谢陈敬贤博士、孟庆峰博士、黄孝鹏博士等对我的鼓励和无私帮助；感谢江苏卡特新能源有限公司对本书专利价值案例的贡献和支持。另外，本书写作中得到了家人的理解和大力支持，对此深表感谢。谨以此书献给所有关心、鼓励和帮助过我的人！

由于专利权质押融资研究还是一个相对较新的领域，笔者所做的工作仅仅是这方面研究的一次粗浅的尝试，谬误和不妥之处在所难免，还有许多东西需要进一步发展完善，希望各位专家学者批评指正。

作者

2015 年 4 月

目 录

第一章 绪论 001

　一　选题背景 001

　二　研究意义 009

　三　相关概念和理论 012

　四　文献综述 015

　五　本书主要研究内容 027

第二章 基于银行信贷的专利权质押融资及其模式分析 030

　一　基于银行信贷的专利权质押融资相关理论及其
　　　特点分析 030

　二　基于银行信贷的专利权质押融资的参与主体及
　　　流程分析 036

　三　基于银行信贷的国内外专利权质押融资的模式
　　　分析和启示 040

　本章小结 052

第三章 基于银行信贷的专利权质押融资演化博弈分析 053

　一　演化博弈理论概述 053

二　专利权质押融资的演化博弈模型 …………………… 054

　　三　考虑政策扶持机制下专利权质押融资的演化
　　　　博弈模型 ……………………………………………… 062

　　四　演化博弈模型的数值分析 ………………………………… 064

　　五　结论分析与对策建议 …………………………………… 076

　　本章小结 …………………………………………………… 078

第四章　基于银行质押融资的专利权价值分析 ………… 080

　　一　专利价值分析相关理论概述 …………………………… 080

　　二　基于质押融资情景专利价值分析体系 ………………… 083

　　三　案例分析 ………………………………………………… 095

　　四　专利价值分析和资产评估报告的比较分析 …………… 107

　　五　结论分析与管理启示 …………………………………… 109

　　本章小结 …………………………………………………… 110

第五章　基于银行信贷的专利权质押信贷合约设计 …… 111

　　一　信息不对称与信贷合约设计概述 ……………………… 111

　　二　基于专利权质押的信贷利率与配给量合约 …………… 113

　　三　结论分析与管理启示 …………………………………… 118

　　本章附录 …………………………………………………… 119

　　本章小结 …………………………………………………… 122

第六章　基于P2P网贷平台的专利权质押融资模式研究 ……… 123

　　一　科技型小微企业特点及融资约束 ……………………… 125

　　二　国内外相关研究进展 …………………………………… 128

　　三　P2P网贷融资与传统银行信贷对比分析 ……………… 132

四　P2P网贷平台对接专利权质押融资现状及
　　　　政策建议 …………………………………………… 134
　　本章小结 …………………………………………………… 145

第七章　研究结论及展望 ……………………………………… 147
　　一　研究结论 ……………………………………………… 147
　　二　研究展望 ……………………………………………… 149

参考文献 ………………………………………………………… 151

第一章 绪论

一 选题背景

近年来,在国际经济复苏步伐明显放缓,国际市场疲软,出口受阻,国内 CPI 高企的大环境下,国内货币政策不断收紧。自 2008 年 1 月以来,中国人民银行连续 11 次上调大型金融机构的存款准备金率,2011 年 9 月达到 21.5% 的历史高位,"用钱荒"使得资金使用成本急剧攀升,占中国企业总量近 99% 的中小企业贷款问题凸显。[①] 这一方面是受到银行"抓大放小"思想的影响[②],另一方面是由于中小企业自身规模、财务制度、管理制度不足,企业自有资金少,并且缺少相应的抵押物,这些因素使得中小企业很难通过现有的融资渠道有效解决融资缺口的问题。

近十年来,全世界知识经济蓬勃发展,企业正逐步意识到无形资产对企业竞争力的独特贡献,在中国,十年来专利申请、受理、审批、登记量大幅攀升,2010 年全国专利申请量首次突破百万,国内专利申请量达到 122.2 万件,授权量为 81.5 万件,广大科技型中小企业功不可没。据调查,上海市中小企业的年营业收入占全市法

[①] 万东华:《多措并举破解中小企业困局》,http://www.stats.gov.cn/tjzs/tjsj/tjcb/zggqgl/201111/t20111109_37759.html。

[②] 尽管我国企业的融资行为同样符合金融成长周期理论,但我国金融市场还不够发达,投融资环境还不成熟,银行在垄断竞争环境下,信贷过多地向大型国企倾斜,缺乏向中小企业融资的动力。

人企业营业收入总额的近60%，上海市超过65%的发明专利、超过80%的新产品都来自中小企业，中小企业已成技术创新主力军。《国家知识产权战略纲要》提出要引导企业采取知识产权转让、许可、质押等方式实现知识产权的市场价值（见图1-1）。

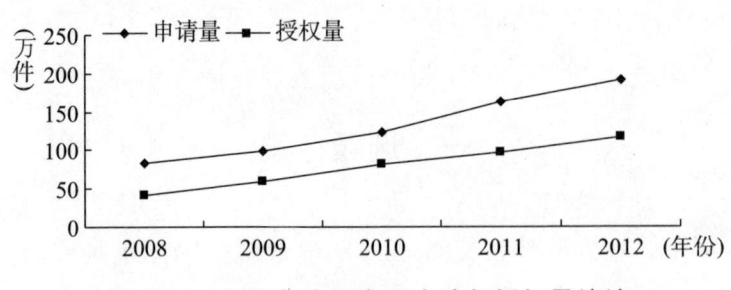

图1-1 近5年全国专利申请与授权量统计

专利权质押融资[①]（Patent Backed Loans）是利用专利权进行融资担保的一种创新性融资模式，该融资模式有利于解决中小企业融资难问题，促进企业自主研发创新，促进企业关注自身"软件"（创新能力）的建设和发展，与国家建设创新型社会的战略导向一致，而且该融资方式很早就在国外发达国家得到政府政策鼓励并取得显著成果。美国开展知识产权质押由来已久，爱迪生电灯公司的成立就是依靠白炽灯专利作为抵押担保，同时美国的中小企业管理局（Small Business Administer, SBA）作为为美国中小企业提供贷款担保的国家独立机构，其在与贷款担保的抵押物相关的规定中明确指出可以使用专利权；美国科美利坚银行（Comerica Bank）和硅谷银行（Silicon Valley Bank）已经累计分别开展了8128件和16124件专利权质押融资项目；日本政策投资银行自20世纪90年代开始实践专利权质押融资，其至今已累计达到数十亿

---

① 有专家学者对专利权担保进行"正名"，认为专利权担保并不适用"准占有制度"，应为专利权"抵押"，而非专利权"质押"，但由于相关法律条文至今并未修正，所以本书依然沿用"专利权质押"这一术语。

元人民币的贷款规模。

中国国内专利权质押融资工作自2006年开始破冰，2006年10月交通银行北京分行为北京柯瑞生物医药技术有限公司发放专利权质押贷款150万元，此次贷款利率在央行规定的贷款基准利率基础上上浮了10%。2007年交通银行北京分行推出了"展业通—中小企业知识产权质押贷款"项目。2008年，国家知识产权局在全国开展知识产权质押融资试点工作。2009年1月《全国知识产权质押融资试点方案（试行）》颁布，国家知识产权局开始第一批全国知识产权质押融资试点工作，试点工作包括实现知识产权质押贴息、降低企业融资成本、搭建知识产权融资服务平台等。2010年财政部、国家知识产权局、工业和信息化部等6部委联合发布了《关于加强知识产权质押融资与评估管理支持中小企业发展的通知》（以下简称《通知》），《通知》中明确指出要协同推进知识产权质押融资工作、创新知识产权质押融资服务机制、完善知识产权质押融资风险管理机制以及知识产权质押评估管理体系。2011年国家知识产权局与交通银行开展全方位的战略合作，并签署《国家知识产权局与交通银行中小企业知识产权金融服务战略合作协议》，双方先后在全国近20个地区合作开展了知识产权质押融资试点工作，在16个省（自治区、直辖市）推广了中小企业知识产权金融服务，支持17个省（自治区、直辖市）建立了知识产权价值评估专家辅导团队。据统计，2006年1月至2011年6月全国累计实现专利权质押3361件，质押金额达318.5亿元，仅2011年全年，全国专利权质押融资金额就达到90亿元（涉及专利1953件），同比增加28%。2012年4月，国务院办公厅转发了由国家知识产权局、国家发展与改革委员会、科技部、教育部等10部委联合发布的《关于加强战略性新兴产业知识产权工作的若干意见》（以下简称《意见》），《意见》指出要完善知识产权投融资政策，支持知识产权质押、出资入股、融资担保。

2014年国家知识产权局、教育部、科技部、工业和信息化部、国资委、工商总局、版权局、中科院又联合发布《关于深入实施国家知识产权战略 加强和改进知识产权管理的若干意见》，该文件明确提出"对开展知识产权质押贷款业务的金融机构提供金融支持，通过国家科技成果转化引导基金对科技成果转化贷款给予风险补偿，促进知识产权成果产业化"。紧接着，2015年3月，国家知识产权局发布了《关于进一步推动知识产权金融服务工作的意见》，提出力争到2020年，全国专利权质押融资金额超过1000亿元，全国东部地区和中西部地区中心城市的知识产权金融服务实现普遍化、常态化和规模化开展。自2008年以来，政策利好的持续以及试点范围的不断扩大使得以专利权为代表的知识产权质押融资工作得到广泛而深入的开展。

作为一项融资创新制度，虽然专利权质押可以有效提高企业对知识资本的利用程度，但由于其自身的特殊性，在实践中，我国专利权质押长期处于低速发展状态，直至1996年国家知识产权局颁布了《专利权质押合同登记管理暂行办法》，我国专利权质押贷款才开始缓慢启动。据调查，2000～2008年，全国专利权质押登记专利仅有454件，截至2008年中国专利权质押融资总额不到50亿元人民币，还比不上西方国家一个大型风险投资项目的融资金额。[①] 从2009年开始，国内专利权质押融资开始出现爆发式增长（周训胜，2012），2009～2011年专利权质押登记数累计达3700件（见图1-2），比2000～2008年的累计总数增长了715%，质押金额年均增长近70%，2012～2014年，我国内地专利权质押融资金额分别为141亿、254亿、489亿元人民币。近年来尽管从表面上看专利权质押融资发展形势一片大好，但是从各种报道中我们发现，实践中存在专利权作

---

① 《专利质押贷款破解企业融资难题》，http://www.hczl.com/xinwen2.asp?id=1297。

为质押物被"歧视"的问题。

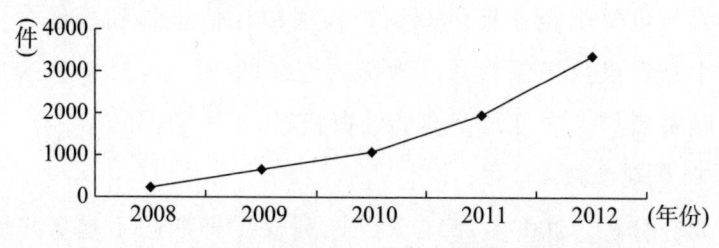

图 1-2　2008~2012 年全国专利权质押登记数

1. 进行专利权质押贷款的门槛高，受理难

为规避风险，各地知识产权局联合各地银行对申请专利权质押的企业和专利权均设置了较高的门槛。企业方面：天津市知识产权局规定进行专利权质押的客户准入条件是企业单位注册资金在 1500 万元以上，事业法人单位注册资金在 500 万元以上；专利权方面：北京市知识产权局《关于促进专利权质押和专利项目贷款的暂行办法》、天津市知识产权局《专利权质押贷款操作暂行办法》都明确指出专利权项目必须处于实质性的实施阶段且实施时间不低于 2 年，并形成产业化经营规模，湘潭市、株洲市和黄石市甚至要求发明专利的有效期不得少于 10 年，实用新型专利和外观设计专利的有效期不得少于 5 年（朱国军、万朝阳，2011）。对企业资质的限定和专利权本身的高要求，直接影响了专利权质押融资的开展，数据显示，1996~2007 年，通过专利权获得贷款的企业平均每年仅 30 家左右。即使在专利权质押数量大幅增长的 2008~2010 年，进行专利权质押的企业数量分别仅为 54 家、113 家和 281 家。

2. 融资成本过高

高风险投入一般要求有高收益的回报，由于专利估值的困难及价值的不确定性，银行等金融机构对此制定的利率一般在基准利率的基础上上浮 20%~30%，国家关于知识产权质押融资的指导意见中也明确指出拟用于质押的知识产权必须提供相应的价值评估报告，评估报告的收费额度一般是质押资产融资额的 1.25% ~ 1.75%，国内很多银行也要求企业提供知识产权法律评估报告和担保合同，评估费、中介费以及担保费合计为贷款金额的 10% ~ 15%，这加重了企业的融资负担，降低了企业的融资意愿。

3. 融资期限短

据调查分析，2009 ~ 2011 年，专利权质押期限不足 3 年的仍占总登记量的 70% 以上，表明专利权质押期限通常较短，此现象一方面反映了银行等金融机构对专利权的时效性信心不强，另一方面表明，企业获得的专利权质押融资贷款只能暂时缓解企业现金流的紧张状况，对科技型中小企业进行持续创新作用不大。

4. 质押率低

丁锦希（2012）指出金融机构为专利权质押贷款设定的条件过于苛刻，湘潭市《专利质押贷款管理办法（试行）》规定专利权质押贷款最高额度不超过专利权评估值的 30%，核定的贷款发放额一般在质押的专利权评估价值的 30% 以内，远低于其他质押物价值与贷款发放额 70% 的质押率。从调查数据来看，专利权质押登记涉及金额主要集中在 100 万元至 300 万元之间，过低的质押率一方面反映银行等金融机构对专利权评估的信心不足，另一方面也直接影响企业的最大可贷款额度。

专利权质押贷款的高风险一直以来都是让商业银行对此项业务望而却步的主要原因，银行不敢轻易开展这项看似利润不错的质押贷款业务。即使在政府的鼓励下向专利权人提供了贷款，贷款额度也较小，且贷款期限比较短，这在一定程度上表明质权人对专利权质押的信心和积极性不足（见表 1 - 1）。

表 1-1　国内部分商业银行对专利权作为质物的授信要求

银行	贷款期限	贷款额度	贷款利率	质押率	质物要求
交通银行	一般 1 年，最长 3 年	1000 万元以内	人行基准利率基础上上浮不低于 10%	发明专利不超过 40% 实用新型专利不超过 30%	发明专利/实用新型专利投放市场至少 1 年
北京银行	1~2 年	500 万元以内	人行基准利率基础上上浮不低于 10%	发明专利不超过 30% 实用新型专利不超过 20%	专利权实施时间不少于 2 年
招商银行	1~2 年	500 万元以内	人行基准利率基础上上浮不低于 10%	发明专利不超过 30%	发明专利权实际运用于生产经营
农业银行（广东分行）	1 年	500 万元以内	人行基准利率基础上上浮不低于 10%	发明专利不超过 30% 实用新型专利不超过 20%	实用新型专利须提交国家知识产权局新颖性检索报告
南京银行	1 年	200 万元以内	人行基准利率基础上上浮不低于 10%	发明专利不超过 30% 实用新型专利不超过 20%	专利投放市场至少 1 年
江苏银行	1~2 年	1000 万元以内	人行基准利率基础上上浮不低于 10%	发明专利不超过 35% 实用新型专利不超过 20%	发明专利权实际运用于生产经营

据统计，截至 2010 年年末，全国中小企业实物抵押贷款余额超过 15 万亿元，相比之下，该年度全国专利权质押融资仅为 70 亿元，虽然专利权质押融资发展潜力巨大，但是由于与不动产相比，专利权作为无形资产存在评估难、不稳定性突出等特点，银行业对此业务非常谨慎。不少银行为减少风险，往往以"担保+实物抵押+专利权"的方式发放贷款，这给中小企业尤其是初创型中小企业选择专利权融资带来很大困难。对实物资产缺失的科技型中小企业来说，

专利权质押融资的重要性不言而喻，近年来，金融界和学术界普遍意识到研究这个问题的必要性和紧迫性，大量的研究文章也不断出现，但令人遗憾的是，对专利权质押的研究目前很多还停留在经验分析和定性分析阶段，缺乏系统理论分析和定量分析。具体来说，当前国内外对于专利权质押的理论和实证研究还没有解决以下一些关键问题。

（1）专利权质押的重要问题是提高银行处理相关业务的积极性，在自然随机信贷市场中，由于信息不对称，银行和企业之间天然存在博弈关系，在专利权作为质物的环境中，银行和企业之间选择策略有哪些？博弈支付矩阵如何构建？博弈演化路径如何？怎样通过政策调节提高银行的授信积极性？

（2）在专利权质押融资中，专利权的质量问题是银行和企业、中介机构乃至政府相关部门都关注的核心问题，质量高的专利权本身价值高、流动性好，便于对外授权许可和处置转让，这使得质权人在发生坏账风险时能有效避免信贷损失，所以如何对专利权的质量进行评价，特别是基于质押融资情景下的专利权质量的评价体系如何建立，又如何与实践需求相结合等问题尚需作深入研究。

（3）专利权质押融资本质上是一种创新性的质押融资模式，所以对其研究的范式可以而且应该建立在传统的银行质押信贷配给模型上，而这些模型的质押物假设基本建立在实物资产基础上，那么实物资产抵押模型对抵押物价值的假设能不能直接用于专利权价值的假设？专利权作为质物的银行信贷配给模型如何建立？基于专利权质押的银企间信贷合约怎样科学制定？

（4）中国经济发展进入"新常态"，互联网金融模式快速发展，以P2P为代表的互联网平台搭建了民间资本与小微企业之间的融资通道。与传统主流银行信贷体系相比，P2P网贷模式具有怎样的特点，存在问题有哪些？特别是对于实践中刚刚出现P2P试水专利权质押融资的案例，其未来发展需要解决的难题有哪些？理论结合实践研究能够给出怎样的解答？

二 研究意义

知识经济环境下，知识资本将逐步代替实物资本、金融资本，成为经济发展的重要推动力，专利权为代表的知识产权是将知识资本权利化，通过法律保障赋予知识资本以垄断竞争性。Arora et al.（2001）指出由于战略相关性，知识产权特别是专利权为代表的技术市场快速发展，其正引领企业开始寻求将"知本"转化为"资本"的途径，相关数据表明，中小企业创造了全国66%的专利发明、74%的技术创新以及82%的新产品研发。中小企业创造的最终产品和服务价值占GDP的比重超过50%，然而获得的金融机构贷款只占16%，同时，尽管当前世界各国专利权申请和授权量连年大幅增加，但是，专利权转化率总体还不到10%，这一方面说明中小企业融资难问题至今未得到有效解决，另一方面说明广大科技型中小企业已经获得的专利权很多还束之高阁，没有成为企业发展的重要资本，所以如何进一步化解专利权从"知本"到"资本"的转化问题是知识经济时代面临的重要问题。专利权质押融资研究涉及宏观因素（质押融资的政策环境、法律规制、经济发展水平等）和微观因素（企业、银行以及涉及质押融资业务的服务中介机构），包括的学科大类有经济、管理、法律等，可以说该项研究是一项复杂的多学科交叉创新性研究。专利权质押融资完善了权利质押理论，全面发挥了专利权的物权功能，实现了专利权的"资产"价值，为科技创新型企业开辟了新的融资途径，并且为银行等金融机构、资产评估机构、律师事务所以及融资担保等中介机构提供了新的业务契机，是知识经济时代具有探索性的融资创新。"事实上，中小企业的三大动产都是有担保价值的：应收账款、存货和知识产权"，中国人民银行研究局副研究员邱海洋指出，知识产权尤为重要，银行界应当针对知识产权研究推出更多的信贷业务。连成资产评估有限公司总经理刘伍堂也认为，知识产权质押融资已经开始成为银行新的业务增长点，以后将成为银行在中小企业中开展信贷业务的竞争焦点。

1. 在银企信息不对称的事实下，加强信贷资金安全成为银企双方关心的重要问题，在银企信贷过程中，企业对借入资金产生的收益和风险有较充分的认识而处于强势地位：企业具有了解自身信息、行业信息、竞争对手信息、潜在竞争对手信息和贷款资金使用信息等优势，而银行不能直接参与和完全监控信贷资金的使用，也无法准确判断借款人的资金偿还概率，因而处于信息劣势地位。因此为了避免由于信息不对称产生的信贷风险，银行选择了信贷配给（Credit Rationing），这种机制直接导致银行对企业的贷款供给减少，尤其对于低风险、高投资回报率的高技术中小型企业使用知识产权这种"无形"而且未来收益难以确定的质押物而言，其极有可能产生"错杀"，所以对专利权质押融资的信贷博弈分析将有助于找出影响银企之间选择策略的关键因子，并对其进行政策调整，进而对相关业务的博弈演化趋势产生积极作用，这对于政策的合理制定提供了一定的理论指导。

2. 专利作为无形资产中非常重要的知识产权，其评估理论一直备受诟病，其原因主要在于专利价值的评估主要考察评估基准日时点的货币价值，而对货币价值背后的风险因素（特别是法律风险和技术风险）披露不够。譬如对于专利的法律属性，一般评估流程只对专利进行产权界定，而对专利权利的稳定性、权利可规避性等关注不够，评估报告中没有相应的列示，这造成专利评估的货币价值置信度不够。同时，专利评估只对专利在评估时点的静态价值进行计算，而对专利的可替代性缺乏分析，一旦运用专利权办理质押的借方不能按期还款，由于技术的动态更新，对专利的处置会非常困难。专利的价值分析由于对专利的可替代性以及专利竞争情况进行深入分析，可以有效防范银行的专利信贷风险。现阶段，各银行对专利权质押的质押率普遍不超过30%，由于相当多运用专利权办理质押的公司还处于发展期，受企业经营规模和市场占有率的限制，专利的评估值普遍不高，加之现阶段进行专利权质押融资需要各种评估和担保费用，企业运用专利进行质押的间接费率普遍很高，这就影响中小企业运用专利进行质押的诉求。银行对于专利价值的质押率不到30%主要是因为对无形资产的风险预期比较高，这和现阶段对无形资产的评估理论不成熟有很大关系，而专利价值分析可以有效弥补专利资产评估的不足。披露专利信息、对专利的法律、技术、市场维度作深度研究可以有效提高专利评估值的可信度，间接提高银行对专利的质押率，为专利权质量的科学判定提供理论方法，因此其具有较强的实践意义。

3. 银企信贷融资过程中，信息的不对称会产生逆向选择和道德风险（Sahlman，1990），从而影响银企信贷关系，先前已有文献证明有形资产（厂房、设备、土地）作为融资质押物可以当作降低信息不对称的有效工具，而面对知识产权这种"无形"的质押物，是否能发挥传统质押物的作用，降低银企之间的"不信任"呢？经典银行信贷风险的决策模型，对于抵押品的终期价值只是简单假设为初期质押价值的一定比率，但是知识产权的价值，却由于评估方法选取、市场环境的变化、拍卖二级市场不完备等因素"天然"存在不确定性，这就对银行的信贷决策产生新的影响，因此，对银行科学制定专利权质押融资合约进行研究具有较强的学术意义和实践价值。

4. 近年来，在中国经济发展进入"新常态"后，2015年国务院正式提出用"大众创新、万众创业"的新思维来为中国经济提供提质增效升级"双引擎"，社会各界对大众创新的关键力量——科技型小微企业的发展给予更多的关注。众所周知，科技型小微企业由于规模小、可抵押有形资产少而受到银行信贷约束，随着互联网金融模式的出现，P2P网贷平台由于其去中心化的交易结构，使得资金需求的直接匹配更加容易，并能提高资金的使用效率从而异军突起。2015年，国内开始出现P2P试水专利权质押融资创新案例。基于此，本书拟通过文献分析和案例调查法，对科技型小微企业的特征、融资约束现状以及与P2P互联网金融对接中存在的问题进行理论分析。结合当前政策因素和实践案例，针对科技型小微企业利用专利权进行质押的P2P平台模式提出相应的对策和建议。这方面的创新研究对于规范和引导P2P互联网金融平台健康发展、助力解决科技型小微企业融资难题具有理论和实践方面的双重意义。

三　相关概念和理论

（一）专利权质押融资的相关概念

专利权质押融资是指债务人将其所拥有的专利权设定质押，在债务人不履行或不能履行债务的情况下，债权人有权优先以所质押专利权受偿，以确保债权的实现。专利权质押具有与其他动产和权利质押相同的重要特点。其一，专利权质押随主债权消灭而消灭。担保物权是依附于主债权而存在的，当债权消灭时，担保物权自然也就不存在。其二，专利权质押因质权实现而消灭。当债务人不履行债务时，质权人行使质权，优先受偿其债权时，质权自然消灭，质押也就消灭了。早期金融生命周期理论认为，企业可获得的融资渠道与企业的生命周期相对应，对于处于初创期、成长期的科技型中小企业来说，由于难以满足传统贷款业务的担保、抵押条件，专利权质押融资则可以有效解决融资困难。

（二）专利权的特征分析

1. 双重性

专利权包括财产权和人身权双重内容，人身权是基于专利发明人或创作人的特定身份依法享有的精神权利，人身权具有人身依附性，不能成为拍卖、变卖的客体。因此专利权是一个集合概念，包括独占实施权、实施许可权、转让权、标记权、专利产品的进口权等。《中华人民共和国担保法》第 75 条规定依法可以转让的专利权的财产权可以出质，这里的财产权，指因取得专利权而产生的具有经济内容的权利，包括独占实施权、实施许可权、转让权等，专利权质押合同应当约定被质押的是哪一项或哪几项权利，标记权和专利产品的进口权一般不得作为质押标的。

2. 非物质性

专利权本身没有物质实体，但内容必须通过一定的物质载体实现，专利权不发生有形控制的占有，其有形的财产权是通过物化载体来体现的。专利权一般不发生有形损耗的使用，专利权的非物质性决定了专利权具有如下有别于有形资产的属性：（1）可复制性；（2）广泛传播性；（3）共同使用性。

3. 专用性

专利权为权利人所独占，权利人垄断这种专有权并受到严格保护，没有法律规定或权利人许可，任何人不得使用权利人的智力成果。否则构成侵权，需要承担法律责任。此外，专利权的专用性使银企双方在评估过程中存在信息不对称性问题，在转让过程中存在交易成本高等问题。

4. 地域性

任何一项专利权，只有依一定地域内的法律才得以产生并在该地域内受到法律保护。这也是区别于有形财产的另一个重要法律特征。受到地域性的限制，在一国境内法律只保护在该国申请并获得专利权的发明创造。除非签有国际公约或双边互惠协定，专利权没有域外效力，域外的其他国家对这种权利没有保护的义务。

5. 时间性

法律对专利权所有人的保护不是无期限的，法定期限届满则不再予以保护，专利权随即成为公知技术，专利权的权利价值也随即灭失，这也是专利权与有形资产的显著差异。

6. 依赖性

专利权属于企业的无形资产，专利权价值不能单独实现，必须依赖于一定的物质和社会条件，所以对于专利权价值的衡量需要考察专利权所依附的项目软件和硬件实体的作用。

7. 不确定性

与有形资产相比，专利权价值的影响因素复杂且多元，专利专有性价值必须通过专利权转让、实施或许可实施等中间环节才能实现，而这些转化的中间环节不仅与专利本身的技术创新性和先进性有关，还与专利权实施方的技术转化能力、经营能力以及市场开拓能力有关，同时还受制于外部法律对专利权保护程度以及专利技术交易市场的成熟度等，所以对专利权的价值很难作静态评价。

8. 低流动性

专利权的流动性差，相较于其他质押物，比如存货、有价证券等，专利权的重要属性就是其专有性。缺乏完善的交易市场，导致其流动性差。同时，由于专利权价值的不确定性和预期性，在专利权变现时首先应当对专利权进行评估，而我国目前无形资产的评估市场比较混乱，评估方法不一，这使得评估价值差别大，直接导致专利权变现的时间长、成本高。

四 文献综述

自20世纪80年代开始,信贷约束理论开始发展,研究人员发现金融约束政策在执行过程中可能会受到扭曲而转变为金融压抑,从而在信贷配给理论与金融约束理论的基础上发展出信贷约束理论,这也成为传统融资约束理论的主要内容,其代表人物有Stiglitz(1981)、Bester(1987)等。20世纪80年代后期到90年代,贷款利率和质押组合的激励相容合同开始成为研究主流,代表人物有Joseph和Weiss(1992),此外还有金武、王浣尘(1996)等,这段时期研究的质押物主要是实物资产。进入21世纪,由于知识经济兴起,研究者开始关注企业以专利为代表的知识产权的融资能力、风险因素以及评估理论,从研究的角度看,一方面是从企业的案例入手,研究专利权质押融资的关键因素、相关条件和程序步骤;另一方面是从相关理论出发,研究专利权的价值分析模型、评估模型以及融资方法等关键问题,但是基于专利权质押融资的定量分析文献总量还较少,且未成体系。韩刚(2012)研究了专利技术质押融资中的信贷合约设计,在质押融资过程中的专利价值、流动性风险以及交易成本三个参数确定的基础上对信贷合约的两个关键参数(质押率和银行承担的风险敞口)进行了设计。由于知识产权包含的内容范围较为广泛,比如专利和商标同为知识产权,其生命周期曲线有所不同,所以如何对知识产权的市场价值建模进行统一刻画,一直是困扰学术界的一道难题。朱国军、许长新(2012)通过建立斯塔克尔伯格模型(Stackelberg leadership model),从企业违约风险评估与银行承担的风险程度两个维度,通过纳什均衡求解结合VaR风险计量最终确定银行最优质押率。Jianwei Dang(2012)解释了为什么质押融资倾向于质量更高、流动性更好的专利权,其实证研究模型进一步指出专利族规模、权利要求范围与专利权被接受为质押物的可能性呈正相关关系。Timo Fischer 和 Philipp Ringler（2014）将专利权作为质物的融资属性特征细分为技术质量特征和专利排他权特征，通过实证研究发现，专利权的技术质量是影响专利权质押的显著因素，它包括专利权的被引用率指标以及专利族规模指标[①]，这说明出借人比较看重企业破产后专利权的技术可转移性，而专利排他权特征并未得到实证结论支撑，但作者认为非专利实施实体公司（Non-Practicing Entities）的出现可以帮助出借者发现专利的潜在权利流动性价值，这至少可以增加专利权质押率（loan-to-value ratios）。虽然这些研究工作不同于我们的研究，但是为我们的研究打下了基础。

（一）专利权质押融资的机理及风险因素研究

对于专利权质押融资产生的机理，学者认为一般处于企业发展的早期，公司在缺乏有形资产质押担保的情况下，由于不愿通过风险投资的方式让渡公司股份，自身又拥有具有发展前景的技术和强有力的专利组合（patent portfolios），从而寻求的一种融资方式（Edwards，2001；Davies，2006）。Bezant（2003）与 Rassenfosse（2012）在研究了企业生命周期中的融资行为后，指出知识产权融资是在成长期的中小企业中可以使用的融资工具，他们还具体探讨了专利、版权和商标作为融资担保的可行性。Griliches（1998）指出专利可以看成是企业创新流程的有形产出（tangible outputs），是企业整合不同类型知识和开发工业可应用的技术的一种有效的鲁棒信号（robust signals）。Levitas 和 McFadyen（2009）也同样提出专利在创新型的中

[①] 根据 Timo Fischer 等对 Ocean Tomo 的拍卖数据实证分析，专利价值与这两个指标（forward citations，patent's family size）也表现出正相关性。

小企业融资中扮演重要的质量信号（quality signals）的角色，他们认为专利可以被看作企业将 R&D（Research and Development）转化成为有价值的知识资源的一种有形信号（a tangible signal）。Amable et al.（2010）研究了专利权质押和企业创新发展之间的关系，发现以专利权作为质押物增加了企业在 R&D 过程中的融资杠杆，扩大了创新投资效益。

尽管专利权质押融资已经在实践中积累了一定的案例，但专利权能否有效替代有形资产（设备、厂房、土地等）作为质押物获得银行贷款的问题一直存在学术上的争议。一部分学者通过调查发现，各国的银行系统（特别是欧洲国家）在审查创新型公司的信用担保时，一般将无形资产（包括专利权等知识产权）排除在外（Ughetto，2006；左玉茹，2010）。究其原因，首先是专利权价值的衡量存在风险，风险因子包含法律风险（权利归属权风险、权利稳定性风险、侵权风险、关联或冲突风险，其核心是确权风险）（宋伟、胡海洋，2009；张伯友，2009）、评估理论风险（评估方法未标准化、主观风险大、评估结果的不确定性以及单一专利和专利包问题等）（彭湘杰，2007；Boer 和 Traps，1998）、经营风险（知识产权价值的实现与企业的经营情况密不可分）（Tipping et al.，1995）、处置风险（独占性和专有性的特点使得知识产权的处置不易实现）（McFetridge，2001；Harhoff Dietmar，2011）。其次是专利权质押融资的评估成本（appraisal cost）和监督成本（monitoring cost）较高，评估成本是企业需要承担知识产权质押融资的第三方评估费用，一般占评估标的的 1%，如果需要第三方担保，那么担保成本也会记入整个贷款的成本中。附加的评估成本会影响企业对于专利权质押融资方式的采纳程度。监督成本体现在银行对于所质押的专利权市场价值的动态跟踪成本上，由于替代技术的出现会显著降低先前技术的市场价值，所以专利权价值的波动幅度相较于有形资产大得多。银行的高昂监督成本会影响银行对于专利权质押融资的接纳程度。Munari Federico（2010）认为专利权质押的主要问题有三点：（1）隐含在专利创新中的高层次信息导致信息不对称；（2）外部环境的高度不确定性；（3）专利权作为质押物很难降低银行的信贷风险（Hall，2005；Murray，1995）。

（二）专利权质押融资的发展模式研究

针对专利权质押融资中存在大量不确定性风险因素的问题，国外学者认为政府对知识产权的推动作用不容忽视，Munari（2010）指出最近十年来各国政府对于专利权的重视在与日提升，先后有几个大型项目推动专利权质押融资的开展：IFD（Initiative Finanzstandort Deutschland）项目是德国金融服务机构近年来实施的规模最大的服务项目，近几年来它把目光聚焦于中小企业，将专利权作为质押物向银行融资。日本政策投资银行自 1995 年开始推动专利权质押融资，10 年内完成 260 例以专利权为代表的知识产权质押融资，融资额达到 160 亿日元。中国自 2006 年产生第一笔专利权质押融资贷款以来，2010 年全国的专利权质押融资总额已经达到 300 亿元人民币。这些说明尽管专利权质押融资中一直存在着各种对于实施风险的质疑，但是专利权可以作为融资抵押物的事实却在逐渐被接纳。对于如何有效实施专利权质押，国内很多学者都进行了研究，杨晨（2010）提出了专利权质押融资的五个特点，并提出了三种质押融资模式，包括政府担保加补贴模式、政府担保模式以及市场运作模式；宋伟、胡海洋（2009）提出建立专利权质押融资国家担保制度来有效分散风险；张伯友（2009）提出对专利权进行风险分解与分步控制；秦亚丽（2006）指出政府有关部门要依托科技发展基金，建立企业自主创新的贷款风险补偿机制和担保基金；Amable et al.（2010）研究了如何将专利作为质押物来影响公司的收益以及增大研发投资的创新收益问题，认为尽管企业面临资金限制，但仍可以获得创新性的投资收益，他们认为国家专利和商标管理部门应该尽可能通过公共政策的支持以降低专利作为质押物所产生的法律上的不确定性从而推动创新发展；王璜（2012）、程守红（2013）等对专利权质押融资模式和相关政策进行了回顾分析；刘沛佩（2011）针对现阶段专利权质押融资中存在的评估难、相关法律制度不完备以及风险分散机制不健全等问题，提出通过建立多方参与制度，如使立法机构、风险投资机构、政府相关行政管理机构以及担保、资产评估和律师事务所等社会机构共同参与，来为专利权质押融资的"阵痛"买单；周丽（2009）基于法律经济学的视角分析了以专利权为代表的知识产权的质押模式；鲍静海等（2014）对比研究了发达国家（美、日、韩、德）知识产权质押融资模式，总结提出了政府和市场共同推动、完善以各城市生产力促进中心为核心的综合配套服务体系建设；方厚政（2014）以上海市2008~2012年的104份专利权质押贷款合同为样本，对专利权质押贷款模式（直接质押模式和间接质押模式）的影响因素进行了实证分析，研究表明，质押专利数量、专利平均剩余年限、企业注册资本和政策激励强度4个变量对专利权质押模式有显著影响；朱佳俊等（2014）研究了 M-CAM 公司为中小企业利用知识产权质押融资所推出的保证资产收购价格机制（CAPP）的机理、特点以及存在的问题，提出在国内建立以银行金融机构为主导的 CAPP、以合作企业机构为主导的 CAPP 以及政府参与的 CAPP 三种扩展模式。

  这些研究虽然从不同侧面总结了现阶段知识产权质押融资的几种模式，但是对于这些模式形成的内在机理的认知还停留在定性描述层面，如何科学评价这些模式的发展以及如何在模式之间找到融合和改进的途径，还需要作进一步的理论和实证分析。

(三) 基于质押的专利价值分析

影响专利权质押融资业务开展的最大瓶颈就是对于专利本身的价值评估较为困难，这是专利权质押融资与有形资产质押融资的最大区别，因为只有一小部分的专利是存在经济价值的。目前对于专利的价值评估，学术研究主要集中在以下几方面：专利价值的质押价值类型、影响因素和评估指标体系分析；专利价值的评估模型分析；专利价值的情景分析方法研究。

对于专利权质押评估采用何种价值类型，理论界还未形成统一意见，多数学者认为是清算或变现价值。在对于知识产权价值的影响因素分析中，Lanjouw（1998）研究了专利续费年限以及专利族（family size）的大小对于刻画专利价值的影响。Harhoff et al. （1999）研究了专利的维持费（annual maintenance fees）和专利的引证率（citation frequency）之间的关系，通过对德国和美国专利的实证研究，其发现缴纳维持费直至失效期的专利比中途因未缴纳专利维持费而失效的专利的引证率明显增高。Harhoff et al. （2003）尝试通过研究专利的申报信息、检测报告以及专利的无效程序来刻画专利的价值模型，研究发现某项专利被其他专利引用的次数（forward citation）并不是专利价值的最优解释因子，某项专利对其他专利或者科技文献的引用（backward citation）、专利族、成功应对专利无效程序等因子也是重要的统计因子。Matsuura（2004）回顾了知识产权和其他形式的无形资产价值评估的经济模型，提出这些模型最显著的问题是没有把法律权利整合到计算模型中，这将降低模型结果的精确性和实用性。Gilbert（1990）、Klemperer（1990）、Lerner（1994）等研究分别显示：专利长度、权利要求数量、专利族、专利发明人等是影响专利价值的重要因素。Hall（2005）研究了专利引用对企业专利的重要性。Gambardella（2007）基于欧洲市场，发现企业规模是影响专利许可的关键因素，同时专利宽度、专利保护和其他因素也能对其产生一定影响。Bessen（2008）运用更新的数据，从专利和所有者特性两个维度，考察了美国专利价值，并将其与欧洲专利情况进行比较。Sneed 和 Johnson（2008）分析了专利属性与专利拍卖价值和成功实现拍卖间的相关性。Chen 和 Chang（2010）分析了在美国制药业中，四项专利质量指标与企业市场价值间的关系。Timo Fischer 和 Jan Leidinger（2014）通过对 Ocean Tomo 平台专利拍卖数据分析，发现专利被引用次数和专利族规模与专利价值呈显著正相关性。Pitkethly（1997）认为任何一种评估方法都只是支撑专利价值分析或进行更好决策的一个开始。Cromley（2004）提出了专利评价的 20 个步骤。对于专利的评价指标体系，Chiu（2007）构建了专利价值评价的四个维度，分别是技术（完善性、应用范围、相容性和复杂性）、成本（研发成本、转移成本和参考成本）、产品市场（产品生命周期阶段、潜在的市场占有率、市场规模和用途/优势）和技术市场（供应商的数量、需求数量和商业化水平）。万小丽等（2008）以及梅良勇、谢梦（2010）构建了专利价值的评估指标体系，并运用模糊综合评价法解决专利价值的模糊性问题，综合了定性和定量分析。李春燕等（2008）将 29 个专利质量指标分为引用指标、科学指标、内容指标等 6 类指标，探索了专利质量指标体系，但以上文献均未对指标设计的科学性和方法运用的有效性进行检验。

对于专利价值的评估方法，由于知识产权的研发成本和收益的不匹配性以及知识产权本身的技术创新性和独占性导致成本法和市场法均不适用于知识产权资产的评估，所以现阶段，实践中知识产权价值评估的方法一般采用收益法（DCF），即对未来评估对象的预期经营收益先按照一定的利润分成率进行分成，然后按照一定的折现率计算现值。由于对于知识产权未来的预期收益、剩余经济寿命、利润分成率以及折现率的取值均来源于企业商业计划书和评估师的估计，所以这些值的取得带有明显的主观色彩，因缺乏科学性而受到学术界的质疑，这也造成抵押资产评估价值结果失实，误导银行决策。Barney（2002）在收益法、市场法和成本法的基础上使用统计模型估计专利的价值，并对专利质量进行分析。Bienert和Brunauer（2006）分析了抵押贷款价值概念在欧洲的发展，指出其相对市场价值而言与抵押目的匹配的必要性。在资产评估三大基本方法上，有学者认为资产质押评估可以引入实物期权理论，下列文献就将抵押视为一种期权并对抵押期权的定价问题进行了研究。Ernst et al.（2010）将实物期权方法引入专利价值的理论模型中，基于Monte Carlo模拟研究了一家大型化工企业中专利的价值，通过对比相同研发项目中专利保护对于项目未来收益的影响，他们发现，得到专利保护的项目的研发成本和预期净现金流比未得到专利保护的要高很多。从与专利价值评估方法的相关文献来看，大部分研究仅从静态的角度来分析和计算专利的价值，但对于知识产权质押融资来说，专利价值的评定不能仅通过一次计算就得出，因为专利价值的变化幅度由于大量不确定性因素（法律、评估、企业经营和处置）的存在，相较于有形资产来说要剧烈得多，所以对于专利价值的评估要更多考虑专利价值的波动性而采用动态评价方法。其他大量有关专利的评估方法的研究工作由于本文篇幅问题，不再列举。

至于专利价值的情景分析研究，有关专利价值的情景分析是近几年才提出的，Fishman（2003）指出专利具有独创性且历史资料缺乏性，所以标准的评估方法很难建立。Munari（2010）认为在专利价值的分析中不仅应该从正常的经济活动着眼，而且应该考虑流动性的情景（liquidation scenario）：一旦专利开发失败，二级市场很难将专利变现，银行对于专利融资的贷款收回需要紧密关注企业对于专利的进一步开发以及企业自身的经营风险。所以他认为对于专利价值的评估需要将定量和定性的研究相结合，并结合专利自身的评价指标以及对专利转化过程中的企业和市场作出分析（市场规模、增长趋势以及专利拥有者的商业模型），还要在各种可能情景的基础上综合分析专利的质押价值。对于专利的价值分析，中国资产评估协会副秘书长杨松堂（2007）认为在知识产权质押评估方法的应用方面，还应做到"三个结合"，即评估专业人员与相关行业专家相结合、评估价格与权利质量相结合、文献检索与研究分析相结合。Hytonen（2010）融合了金融指标和非金融指标来刻画技术研发价值的不确定性，同时对于未来市场的情形和其他指标根据情景分析法来估计，基于此研究不同情景下的技术研发价值的分布。国内相关领域研究的代表还有杨丹丹（2006），许珂、陈向东（2010），郑素丽、宋明顺（2012）和张古鹏、陈向东（2012）。国内外对于专利权质押融资相关的研究不仅推动了专利权质押融资的发展，也为专利权质押融资的成功应用提供了理论上的参考。

（四）银行对于质押融资的信贷配给研究

专利权质押融资本质上是一种创新性的质押融资模式，所以对其研究的范式可以而且应该建立在传统的银行质押信贷配给模型上，而这些模型的质押物假设基本建立在有形资产基础上，相关文献可以分为两类：质押融资的产生机理分析，质押物的信号作用分析。

质押融资产生机理分析主要研究质押物的价值与银行信贷决策的关系，金融约束的政策在执行过程中可能会受到扭曲从而转变为金融压抑，在信贷配给理论与金融约束理论的基础上发展出的信贷约束理论，成为传统融资约束理论的主要内容。信贷约束是指，在当前贷款利率水平上，存在信贷超额需求，贷款利率不能揭示信贷市场的情况。Stiglitz et al.（1981）研究了质押融资中的信贷配给模型，指出在信息不对称情况下，提高融资质押物的价值或者贷款利率都会降低银行的收益。Bester（1987）认为当融资者的质押物不足以对其信贷风险形成明确的揭示时，信贷配给就会产生。Stiglitz and Weiss（1992）提出在更为复杂的环境下，质押虽然可以降低企业的风险，但质押增加也会导致逆向选择，也就是说即使银行设计了利率和质押组合的激励相容合同，信贷配给也不可避免。Berger et al. (2011）检验了借贷双方事前信息不对称的降低与质押融资的发生率降低之间的关系，结果显示通过信用评分技术的使用可以减少的质押融资发生率多达6%。Niinimäki（2009）建立了房产质押物价值波动时银行和存款保险代理机构之间产生的道德风险模型。研究发现随着质押物价值的上升，银行会倾向于融资有风险的项目，从而获得质押物的升值收益。作者提出，这种道德风险问题产生的主要原因在于质押物中包含内部质押物。国内最早开始对银行信贷风险决策机制进行研究的有庞素琳和王浣尘等。金武、王浣尘、董小洪（1996）等研究发现当企业的财力有限，不足以提供足够的抵押品价值时，信贷决策机制的最优性必须通过对低风险企业实行信贷配给来实现。庞素琳等（2001）就在信息不对称的信贷市场中，分析并研究了信贷资金的损失和机会损失两种损失常见的几种情形及其数学原理，建立了银行信贷风险的决策模型，并给出结论：当抵押品作为鉴别企业风险类型的手段失效时，为规避信贷风险，银行对企业提供的抵押品价值将有特殊的要求。该领域的代表性研究还有：李毅学等（2011）从物流金融的角度研究了季节性存货质押对银行信贷的决策影响。袁桂秋、金能（2004）研究了无违约风险的可调支付利率质押贷款的定价模型。黎荣舟等（2003）研究了不对称信息下的抵押品的信贷信号。庞素琳（2007）研究了存在拖欠还款概率影响的信贷风险决策机制。相关研究的人员还有王宵、张捷（2003），胡红星等（2005），顾海峰（2010）等。

质押物的信号作用分析主要研究质押物的价值与借贷者的风险

类型关系。Bester（1987）认为借贷方通过提供有选择性的借贷合约，可以对借贷者的风险类型进行判断。低风险的借贷者通常会选择有质押物同时低利率的融资方式，而高风险的借贷者通常会选择无质押同时高利率的融资。Besanko 和 Thakor（1987）调查了不足量的质押物的信贷合约，发现了低风险的借贷者倾向于选择低利率和高质押贷款，而高风险借贷者选择高利率和低质押物的贷款。所以他们认为信贷配给也是甄别借款者信贷风险的重要工具。Watson Harry（1984）指出质押可以提高企业的努力水平，同时也讨论了分离或混同均衡出现的条件。与此同时，Lehmann 和 Neuberger（2001）以及 Jimnez et al.（2006）研究发现，质押物具有解决逆向选择的信号价值，调查还显示高风险的借贷者通常给予质押物的价值比较低，所以这给银行提供了一个分辨借贷者风险性的指标。但 Cressy 和 Toivanen（2001）通过调查，发现企业风险和质押物的价值没有显著相关性。Jimenez et al.（2006）通过实证研究发现年轻的借贷者（young borrowers，通常指无融资经历记录的借贷者）中借贷违约概率高的更倾向于选择无质押融资。Niinimäki（2011）提出不能简单以质押物的事前价值来甄别质押方的风险类型，他认为要考虑多方面的因素，包括质押物价值的方差、项目成功概率的方差、质押物价值与项目成功概率的方差，以及质押融资的成本问题。通过研究他提出如果质押物的价值与项目成功的概率是相关的，那么质押物价值波动剧烈时，高风险的借贷者可能比低风险的借贷者更倾向于接受质押融资。从现有的文献检索结果来看，专门针对专利权质押融资基于银行视角来建立信贷配给模型进行研究的文章还比较少，Amable et al.（2010）研究了如何将专利作为质押物来影响公司的收益以及增大研发投资的创新收益，其指出尽管企业面临资金限制，仍可以获得创新性的投资收益，国家专利和商标管理部门应该尽可能通过公共政策的支持降低专利作为质押物所产生的法律上的不确定性从而推动创新发展。韩刚（2012）研究了专利技术质押融资中的信贷合约设计，在对质押融资过程中的专利价值、流动性风险以及交易成本三个参数确定的基础上对于信贷合约的两个关键参数（质押率和银行承担的风险敞口）进行了设计。苗凤丽、张初（2012）从企业经济信息的角度出发，对企业经营、专利权特征进行分析，建立了融合政府决策支持、法律完善程度、市场竞争、企业管理水平等多个因素在内的企业专利权质押融资模型。朱国军、许长新（2012）研究了专利权质押融资中的质押率决策。通过建立斯塔克尔伯格模型（Stackelberg leadership model），从企业违约风险评估与银行承担风险程度两个维度，通过纳什均衡求解结合 VaR 风险计量最终确定银行最优质押率。

融资约束的积极作用是对代理问题和信息不对称问题的间接反映，消极作用则表现为融资障碍。另外还有部分学者从融资约束角度研究了企业融资障碍问题，现阶段据初步访谈调查，开展相关业务的银行对于专利权的贷款利率和配给量等的设计还主要停留在经验分析的基础上，这方面的经验主要基于有形资产的信贷合约，对专利权质押融资信贷配给研究的缺乏导致实践工作中缺乏科学性，由于银行在专利权质押融资中扮演核心角色，所以基于银行视角对专利权质押融资模型进行研究十分必要。

综合以上文献研究，我们发现相关领域很多研究还基本停留在经验分析和定性分析阶段，对专利权质押融资的研究未成系统，对整体结构缺乏深入严谨的认识，而且针对专利权质押融资的定量研究文献还很缺乏。尽管专利权质押融资已经在实践中积累了一定的案例，但专利权能否有效替代有形资产（设备、厂房、土地等）作为质押物获得银行贷款的问题一直存在学术上的争议。对于专利权质押融资产生的机理，相当部分文献都是针对企业研发投入和外部融资环境的关系进行研究，而对研发的成果、专利权的融资属性关注不够。专利权质押融资的发展模型方面，大部分的文献从不同方面总结了现阶段知识产权质押融资的几种模式，但是对于这些模式形成的内在机理的认知还停留在定性描述层面，如何科学评价这些模式的发展以及如何在模式之间找到融合和改进的途径需要进一步作理论和实证分析。在银行对于质押融资的信贷配给研究方面，很多文献都是以实物资产作为质物的背景，质物价值变化一般采用线性比率假设，对专利权作为质物的特殊属性缺乏研究。对专利权的价值，学术界普遍在评估理论上做文章，而传统的专利价值评估主要考察评估基准日时点的货币价值，但对货币价值背后的风险因素（特别是法律风险和技术风险）披露不够，专利权质押的主要难题在于专利权的评估价值的"置信度"，所以对专利权的质量进行研究很有必要，此外，目前的研究对专利权质押的情景还缺乏深入认识。

五 本书主要研究内容

本书以专利权质押融资为核心，基于演化博弈的思想，针对专利权质押的特征，对银行和企业之间的博弈策略进行分析，从演化均衡的角度分析银企双方的演化规律，进而考虑政策因素对参与主体决策的影响；基于专利权质押融资情景分析专利权价值指标体系，并用实际案例对价值指标体系进行适用性分析，从银行的角度，基于专利价值的随机波动性、专利的可替代和时间贬损性，分析构建基于专利权质押融资的信贷配给模型，构建信贷终期专利的价值函数，给出基于专利权质押的银行最优信贷合约设计，并进行数值分析和解释。近年来，在主流银行信贷体系外，以 P2P 为代表的互联网金融快速发展，而且已经产生了试水专利权质押融资的案例，本书希望从经营模式特征和发展瓶颈等方面拓展该部分研究。具体而言，本书主要研究内容可概括为四部分，研究框架和结构如下。

其一，对专利权质押融资中的演化博弈进行分析。银企信息不对称的事实下，加强信贷资金安全成为维持银企双方关系的重要问题，在银企信贷过程中，企业对借入资金产生的收益和风险有较充分的认识因而处于强势地位：企业具有了解自身信息、行业信息、竞争对手信息、潜在竞争对手信息和贷款资金使用信息等优势，而银行不能直接参与和完全监控信贷资金的使用，也无法准确判断借款人的资金偿还概率，因而处于信息劣势地位。因此为了避免由于信息不对称产生的信贷风险，银行选择了信贷配给（Credit Rationing），这种机制直接导致银行对企业的贷款供给减少，尤其对于低风险、高投资回报率的高技术中小型企业使用知识产权这种"无形"而且未来收益难以确定的质押物而言，其极有可能产生"错杀"。此外，本书基于专利权质押融资建立了相应的演化博弈模型，该模型的建立分为两步，第一步在相关假设的基础上，建立"自然"条件下企业和银行关于专利权质押的演化博弈模型，通过对模型的分析和计算，找到银行和企业群体的演化稳定策略以及模型的演化博弈系统的平衡点。通过分析发现由于专利权作为质物的特殊性，银行和企业之间的博弈演化趋势会显著依赖系统初始状态和相关参量的取值，基于此，进一步建立了考虑政策扶持的演化博弈模型，通过加入贷款贴息以及担保补贴参量，银企之间关于专利权质押融资的"合作"演化趋势得到增强。由于模型参量比较多，该项研究进一步对博弈模型的仿真分析系统关键参量进行分析，旨在对银行和企业决策产生影响。

其二，在传统的质押融资业务中，土地、厂房等有形资产的评估一般由银行自身来评定，对于专利权等无形资产价值的衡量却是一般银行"望而却步"的，在专利权质押融资实施过程中，资产评估机构能否合理地评估所质押专利权的价值，为银行等金融机构确定贷款金额提供合理依据，降低贷款风险，是专利权质押融资能否顺利开展的关键。而现阶段，基于不同情景下的专利价值的分析研究还不多见，本书以2012年中国技术交易所发布的《专利价值分析指标体系操作手册》为基础，在质押融资的情景下，尝试建立专利价值分析的指标体系，并通过案例研究，分析指标体系的适用性和可操作性。

其三，在银企信贷融资中，信息的不对称会产生逆向选择和道德风险，影响银企信贷关系，先前已有文献证明有形资产（厂房、设备、土地）作为融资质押物可以充当降低信息不对称的有效工具，而知识产权这种"无形"的质押物，是否能发挥传统质押物的作用，降低银企之间的"不信任"呢？经典银行信贷风险的决策模型，对于抵押品的终期价值只是简单假设为初期质押价值的一定比率 k（k 为定值），但是知识产权的价值，却由于评估方法选取不一、市场环境的变化、拍卖二级市场不完备等因素"天然"存在不确定性，这就对银行的信贷决策产生新的影响。本书基于质押融资的研究发展历程，针对专利权质押融资的新情景，事先不给定专利价值的概率分布，考虑专利的可替代和时间贬损性，构建基于不完全信息条件下的最小最大遗憾准则的信贷决策模型，分析得出专利在贷款终期价值的解析解，并结合 Kuhn-Tucker 条件给出专利价值的概率分布在最"糟糕"情形下的银行贷款利率和配给量的最优解。

其四，前述部分主要基于主流银行信贷进行专利权质押融资相关理论和实践研究，而近年来，以 P2P 网贷为代表的互联网金融模式异军突起，衍生了去中心化的交易结构，使得资金需求的直接匹配更加容易，提高了资金的使用效率，一定程度上拓展了科技型小微企业的融资渠道。基于此，本书根据科技型小微企业特征及融资约束现状，结合国内外文献研究，从理论方面揭示了 P2P 互联网平台在科技型小微企业利用专利权进行质押融资方面存在的优势，同时进一步阐释了 P2P 网贷平台助力科技型小微企业发展的瓶颈问题，在此基础上，本书针对专利权质押融资与互联网金融的进一步融合发展提出相关的对策建议。

第二章 基于银行信贷的专利权质押融资及其模式分析

中小企业通过资产担保进行融资的方式有很多，本章试图通过理论研究和比较分析，系统揭示专利权质押与传统实物资产质押以及权利资产质押的区别，在此基础上，进一步通过对参与主体的分析和对流程的分析揭示专利权质押融资的利益相关方的相互作用机制，在以上两方面分析结束后，对专利权质押融资的模式进行比较分析，从国内到国外，从现象分析到机理研究，一步步对国内的专利权质押融资从宏观层面进行把握，为后续章节的分析打下理论基础。

一 基于银行信贷的专利权质押融资相关理论及其特点分析

（一）专利权质押融资相关理论分析

1. 交易成本理论

交易成本理论（Transaction Cost Theory）最初由 Coase 提出，其对企业的本质进行了解释。Williamson 发展了 Coase 的理论，分析了交易成本的来源，包括有限理性、投机主义、资产专用性、不确定性和复杂性以及信息不对称等方面的因素，并通过对交易成本的系统化研究，给出了交易成本的类别化定义，总的来说，交易成本主要由搜索成本、信息成本、议价成本、决策成本、契约成本和监督成本等构成。在信贷融资领域，最早由 Barro（1976）研究了融资担保物（Collateral）的经济功能、交易成本以及对利率和贷款规模的影响，提出了关于信贷融资担保的交易成本理论（梁鸿飞，2003）。Barro 认为由于交易成本的存在，资金借出方对担保物的估值显著低于资金借入方的估值。通过理论推导，发现在竞争性的信贷市场环境下，借款利率随着担保物处置成本增加而上升，其研究虽然没有提到专利权作为担保物的问题，但在实践过程中，专利权存在价值波动大、流通性差、不易变现等问题，同时在专利权质押融资过程中，银行等金融机构还要求企业提供有关专利权的法律评估和价值评估报告，这些额外的中介费用都会导致专利权质押前置程序的交易成本大幅提高，在市场环境下，银行对专利权质押贷款利率也相应在贷款基准利率基础上有较大提高（一般情况下上浮 20%～30%），交易成本理论从一个角度阐释了企业利用专利权开展质押在纯市场条件下可能产生的融资贵问题。

2. 委托代理理论

委托代理理论（Principal-agent Theory）建立在非对称信息博弈论的基础上。非对称信息（asymmetric information）指的是某些参与人拥有但另一些参与人不拥有的信息。信息的非对称性可从以下两个角度进行划分：一是非对称信息发生的时间，二是非对称信息的内容。从非对称发生的时间看，非对称性可能发生在当事人签约之前（ex ante），也可能发生在签约之后（ex post），分别称为事前非对称和事后非对称。研究事前非对称信息博弈的模型称为逆向选择模型（adverse selection），研究事后非对称信息的模型称为道德风险模型（moral hazard）。Stigliz 和 Weiss 首先将委托代理理论引入商业银行信贷市场（费伦苏，2008）。信贷市场上存在信息不对称问题，这种不对称表现在，信贷市场上的借款者拥有自己的用贷风险程度和能否按期还贷的私有信息，商业银行由于不能准确地了解借款企业的风险类型或质量类型,只能对所有的借款企业收取固定的利率。随着贷款利率的提高,偏好低风险、具有良好资信的借款企业将逐渐退出信贷市场,利率正向选择效应递减,而那些偏好高风险、资信较低的借款者仍愿意以高利率借款,利率的反向选择效应递增,同时贷款违约的概率逐渐加大。信息不对称问题会使得理性的银行作出优先给资信程度高的借款者贷款、限制或不给高风险借款者贷款的决策,这导致信贷配给(credit rationing)出现。专利权质押融资某种意义上也属于高风险的信贷融资,专利权质押融资在谈判开始前,由于专利权的高度专用性,其法律权属的稳定性、超额获利能力和超额获利时间以及变现能力等信息的不完全使得借贷双方信息不对称程度高于实物资产抵押融资,容易产生逆向选择风险;授信之后,企业是否按照授信合约合理使用信贷资金仍存在疑问。专利技术保护程度、技术进步速度以及专利权市场价值的变化情况很可能由于监督不到位而产生道德风险。中小微企业利用专利权进行质押所遇到的融资难题很大程度上可以归结为信贷配给问题。

3. 科技金融理论

通过"交易成本理论"和"委托代理理论",我们基本可以解释中小微企业利用专利权进行质押所遇到的融资贵和融资难问题的理论成因。张静琦等(2000)基于信贷配给问题,主张政府进行干预,强调政府在信贷市场中不可替代的重要作用,指出在信贷市场运行机制的设计上,政府应扶持对社会有益的风险项目,增进社会福利。在此,为有效破解专利权质押融资难题,我们引入科技金融相关理论。科技金融作为科技产业与金融产业的融合体,强调以科技创新推动经济发展,以金融创新辅助科技创新。赵昌文等(2009)认为科技金融是促进科技开发、成果转化和高新技术产业发展的一系列金融工具、金融制度、金融政策与金融服务的系统性、创新性安排,是由向科学与技术创新活动进行融资的政府、企业、市场、社会中介机构等各种主体及其在融资过程中的行为活动共同组成的一个体系，是国家科技创新体系和金融体系的重要组成部分。他们同时提出科技金融的"5I"规律（创新、投入、一体化、制度化和国际化）。此外，薛澜、俞乔（2010）提出要突出强调科技金融的一体化和国际化规律。洪银兴（2011）指出科技金融包含两个方面，一是由风险投资家提供，涉及股权融资以及相应的股权交易市场的直接的科技金融；二是涉及银行提供信用的间接的科技金融。汪泉、史先诚（2013）认为科技金融具有定向性、融资性、市场性和商业可持续性等特点。谭祖卫等（2014）提出科技金融包括政府扶持、科技贷款、科技担保以及科技保险等科技与金融结合方式，并认为技术资产的信用化和证券化是科技金融的本质，专利权法律和技术方面的特殊性（如专用性、依赖性、低流动性等）使其在资产信用化过程中由于风险较高而面临诸多难题。李希义等（2010）提出可以借鉴国际经验：政府采取风险补偿措施，由国家设立知识产权质押贷款专项基金，提高商业银行的积极性，放宽贷款期限，放大贷款规模。程守红等（2013）认为在目前知识产权质押融资相关制度和市场环境不完善的情况下，知识产权质押融资的贷款风险主要由银行等融资服务机构来承担，金融融资机构的积极性很难提高，政府引导下的市场化模式是我国现阶段和未来较长的一段时间内开展知识产权质押融资较好的选择。在国家层面，2014 年《关于深入实施国家知识产权战略 加强和改进知识产权管理的若干意见》（以下简称《意见》）对企业利用专利权质押融资提供明确的科技金融政策支持。《意见》提出综合运用政策手段支持知识产权创造和运用；运用财政、税收、金融等政策引导市场主体创造和运用知识产权；鼓励金融机构继续创新开发专利保险试点等新型金融产品和服务，对开展知识产权质押贷款业务的金融机构提供金融支持，通过国家科技成果转化引导基金对科技成果转化贷款给予风险补偿，促进知识产权成果产业化。在国家政策和地方政府配套措施对专利权质押融资提供大力支持的同时，有学者提出，科技金融应该立足于政策引导而不是包办，完全市场化的运营模式是发展方向。房汉廷（2010）认为，科技金融要在科技创新和金融创新之间建立起稳定、有效的风险分担和收益分享机制，当科技创新活动进入稳定和成熟期后，市场金融完全可以与之匹配，其就不再需要科技金融的支撑。徐莉（2013）认为从国际市场看，大多数发达国家的质押融资虽然有政府机构的介入，但其介入程度都远远低于我国，他认为政府在知识产权质押融资模式形成初期固然需要进行扶持和引导，但政府更应该促成该模式尽快完成向完全市场化的转变。基于我国现阶段知识产权保护情况、创新条件、信用条件以及技术产权交易环境等多方面的限制，专利权质押融资应注重服务平台，注重法律法规、财政、信用、金融支持等方面的建设（程守红等，2013），通过政策引导、机制建设、环境完善，实现专利权质押融资业务的市场化发展。

（二）专利权质押融资特点分析

1. 专利权质押与实物资产质押比较特点分析

（1）质押标的不同。专利权质押本质是以其财产权进行质押，而且这种财产权是无形的。专利权立法本质上是鼓励技术创新，促进科学技术的发展，并使专利持有人在一定地域范围内，在一定时间内对其所创设技术方案的实施拥有垄断权。虽然专利权可以带来超出社会平均报酬率的收益，但专利权作为一种无形财产，其价值必须通过商业化开发或产业实施才可以体现，如果有些专利技术在实践中得不到实施，那么其经济价值就很难体现，因此，债权人在专利权质押融资过程中，需要承担较高的市场实施风险。而实物资产作为抵押物，由于其价值的实现不需要通过中间过程的转化，而且权利人可以较为方便地通过市场租赁、转让（包括清算）等方式对该实物资产行使权利，因此，接受实物资产抵押的债权人的风险远低于专利权质押中债权人所承担的风险。

（2）专利权具有特殊的时间和地域属性。专利权具有特殊的地域性和时间性。所谓的时间性是指专利权只在法律规定的有效期内有效，一般发明专利最长保护期限为20年，而实用新型和外观设计专利保护期限最长只有10年，而且均从专利申请日算起，到期则不能续延，因而变为公知技术，丧失获得超额收益的能力；地域性是指该专利只在一个特定的地理区域内是受保护的，如果超过法定期限或超出特定的地理范围内，专利技术的垄断权将不再受法律保护，这也就是众多跨国企业进行全球专利布局的原因。地域性也是专利权区别于实物资产的重要法律特征。因此，质权人必须充分考虑时间性和地域性对专利有效性以及其价值的影响，否则担保债权的目的可能落空。而在实物资产抵押中，评估机构只需要说明在特殊市场情况下的变现风险对实物资产抵押价值的影响，而无须考虑抵押资产的地域性和时效性。

（3）质权的风险大小不同。实物资产虽然也存在一定价值波动风险，但当整体经济态势良好，市场波动幅度相对较小，风险基本可控，尤其是当实物资产的价值波动威胁到债权人利益实现的时候，债权人可以采取适当的保护措施，及时要求出质人转让该实物资产，从而保护其债权的实现。因此，实物资产债权实现风险相对比较小，而使用专利权作为质押物时，质权实现风险相对大得多，一方面，专利的价值构成因素较为复杂，对其价值准确量化评估比较困难；另一方面，专利权的排他性和交易市场相对狭小等问题，造成其快速变现困难，质权的实现面临更高的风险。

2. 专利权质押与其他权利质押比较特点分析

（1）设质的方式不同。汇票、本票、支票、存款单、债权、股票、提单及其他有价证券作为设质标的，需要将相应的权利凭证交付质权人占有，这是因为债券、股票、票据、提单和其他权利凭证本身就代表一定的经济利益，拥有该权利凭证即证明拥有该权利证书所标示的经济权益，专利权证书仅仅证明债务人存在一定的债权，而不是其处置权利的凭证，专利权质押需要向国家知识产权局进行质押登记。

（2）质押财产的价值确定不同。汇票、本票、支票、存款单、债权、股票、提单等，本质上是债权人的利益，其权利价值的大小直接反映在权利凭证的价值上，有没有价值，不是难以确定的问题，同时价值波动的问题也很好解决。股票的价值虽然有一定的波动，但正常市场条件下波动幅度有限，而专利证书上的权利价值无法通过其凭证获得，必须通过技术产业化或转让才能实现。总体而言专利权的价值受法律、营销、创新程度及其他因素的影响，具有很大的不确定性。

二　基于银行信贷的专利权质押融资的参与主体及流程分析

（一）专利权质押融资的参与主体分析

专利权质押融资的系统组成部分主要包括资金需求方、资金供给方、中介机构以及其他利益相关方（见图2-1）。

1. 资金需求方

专利权质押需求方通常指在拥有专利权等知识产权资产的同时又缺乏实物资产的科技型企业，其很难运用常规资产进行融资。专利权质押融资需求方的特点主要是：主体多为处于初创期或成长期的中小型企业；不希望融资导致股权稀释；对资金的需求量有限；有中短期融资需求；对专利权的所有权确定。

2. 资金供给方

专利权质押融资的供给方，主要是以银行为代表的金融机构，

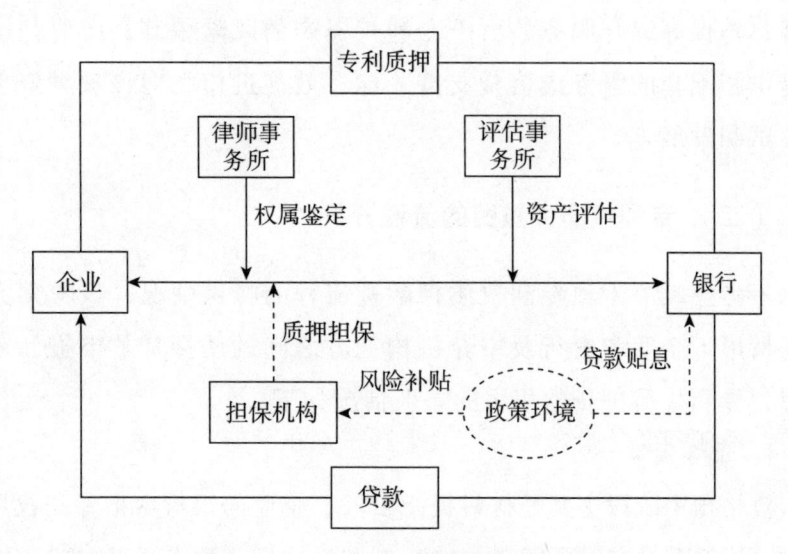

图 2-1 专利权质押融资系统结构

从国内融资时间来看，银行等金融机构表现出较强的风险规避性，其尝试利用信贷配给或提高利率的方式限制信贷的供给。

3. 中介机构

中介机构通常包括律师事务所和资产评估机构，由于与专利权利人相比，银行处于信息劣势地位，所以其需要借助律师事务所进行专利权属核实和法律风险估计，还要借助资产评估机构对专利权的价值进行评估，律师费用和评估费用所占的比例大致为专利信贷额度的 1%~1.5%。

4. 其他利益相关方

从国内外发展经验来看，专利权融资风险的分散机制的重要一环，是政策性保险机构的参与，商业保险机构也可以通过享受财政补贴的形式参与进来（姚王信，2011）。担保机构主要为银行提供专利权信贷担保，同时要求专利权质押人以专利权为信贷资金提供反担保，同时收取一定担保费率，视资产的信贷风险系数，担保费率通常为担保额度的 3%~5%。政府机构主要对专利权质押提供推选、监督、担保等综合服务，由于专利权资产的风险偏高，政府往往需要提供相配套的服务或信贷支持才能有效促进市场对该项融资创新的尝试和发展。

（二）专利权质押融资的流程分析

不考虑政府干预专利权质押融资流程的特殊情况，只考察完善市场情形下企业和银行及中介机构三方之间的质押贷款申报和审查过程，专利权质押贷款程序的一般情况如下。

1. 资格预审

资格预审阶段主要是材料提交阶段，企业向银行申报专利权质押贷款，一般需提交以下资料：（1）专利权质押贷款申请书；（2）专利证书、专利登记簿副本原件、专利查新检索报告；（3）企业营业执照副本、法人代码证、国税和地税登记证副本；（4）企业章程、注册资本验资报告；（5）上年度纳税情况说明；（6）贷款卡及最近日期查询记录；（7）上年度审计报告；（8）近期财务报表及主要科目明细。

2. 初步调查

这一部分调查由两部分组成，一部分是以银行为代表的金融机构对企业整体状况进行调查，分为一般授信调查和特殊风险调查。一般授信调查主要由以下几方面构成：①贷款企业最近两年（含）以上的经营业绩和盈利情况；②贷款企业历史信贷记录；③贷款企业财务制度建设情况以及工商部门年检手续办理情况。特殊风险调查主要关注企业专利权的实施风险，主要有：①拟质押的专利权的专利项目实施情况、产业化经营规模；②专利权实施项目与国家产业政策匹配程度、未来市场潜力和经济效益情况。

另一部分，是以中介机构包括资产评估事务所和律师事务所在内对专利权状况进行调查，其分为法律权属调查和价值评估。法律权属调查主要对专利权真实性进行调查，包括：①发明专利、实用新型专利和外观设计专利的法律状态审查；②专利权的权属结构审查（职务发明/非职务发明）；③专利剩余有效期审查（发明专利有效期不得少于8年，实用新型专利和外观设计专利的有效期不得少于5年）。专利权价值评估由具有独立资质的第三方知识产权评估事务所出具专利权价值评估报告，并对专利权评估瑕疵事项进行说明。

3. 分行审查

初步审查结束后，银行结合企业状况调查和中介机构提供的权属核实以及价值评估报告书，出具授信报告，如果审查通过，授信报告将提交分行进一步审查。

4. 签订质押贷款合同

如分行审查通过后，银行支行将通知借款方签署专利权质押贷款合同，贷款合同主要约定如下事宜：（1）合同总则——为确保债务的偿还，借款方愿意以其有权处分的财产作质押，借款合同履行期限届满，借款人未能清偿债务，乙方有权将质押财产折价或以拍卖、变卖、兑现质押财产所得的价款优先受偿，实现质权；（2）约定信贷双方的责任和义务——如借款方有维持专利权有效的义务，负责缴纳专利年费，处理专利纠纷等事务；（3）特殊事项处理——质押期间，质押财产如发生投保范围的损失，或者因第三人的行为导致质押财产价值减少的，保险赔偿金或损害赔偿金应作为质押财产存入乙方指定的账户，质押期间双方均不得动用。

5. 办理质押登记手续

质押合同签署后，一般在订立书面贷款合同之日起20到30天之内由企业向国家知识产权局办理专利权质押合同登记或合同鉴证，并将登记回执交给银行等金融机构。

6. 发放贷款及贷后管理

银行负责对贷款企业进行贷后管理，每季度或半年对企业经营管理、财务状况、知识产权实施情况进行一次检查，形成贷后管理报告，企业应主动配合，如实提供相关材料和情况；关注国家知识产权局专利权质押公告窗口，注意质押专利权的市场和变化、出质人的情况和变化（见图2-2）。

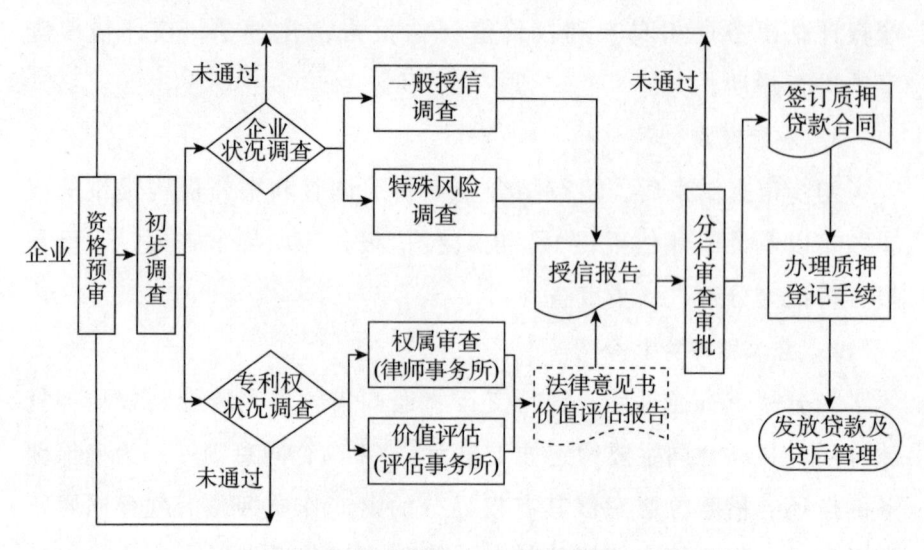

图2-2 基于银行信贷的专利权质押融资流程

三 基于银行信贷的国内外专利权质押融资的模式分析和启示

（一）国内专利权质押融资模式分析

2008年，国家知识产权局在全国开展专利权质押融资试点工作。经过5年的时间，上海、北京、天津、重庆、武汉、广州、长沙等地相继开展专利权质押融资工作，并形成独具特色的专利权质押融资模式。通过新闻报道搜索和文献检索，国内目前专利权质押的模式主要分为直接质押模式、间接质押模式和混合模式三种。

1. 直接质押模式

直接质押模式是指无担保公司参与，企业直接以专利权去银行进行质押融资的模式。这种质押模式的代表地区为北京、江苏以及上海闵行区。北京模式是中介提供担保，律师事务所、评估机构不仅需要对专利权的法律权属和质押价值进行评估，同时还承担相应的担保责任。2006~2010年，北京共有40家科技型中小企业获得专利权质押融资，贷款额达到4.53亿元。江苏模式是政府推荐优质企业给银行，省去担保环节。上海市闵行区的融资过程采用完全市场化评估、担保、贷款机制，政府除了为企业、银行、评估机构之间牵线搭桥以外，还通过政策奖励的方式，如闵行区拟定的《闵行区知识产权质押融资试点工作实施意见》等，引导这一新机制的启动。在贷款申办过程中，贷款风险由负责推荐的主管部门、评估机构、银行共同承担。根据上海市闵行区实行的扶持奖励政策，质押融资企业的贷款可享受全额贴息，担保费、知识产权登记费能得到全额补贴。此外，知识产权价值评估费用也能获得相应补贴。发出贷款的银行可享受最高达贷款额度2.5%的奖励，贷款担保公司最高能获得相当于贷款额度3.5%的奖励，知识产权评估机构则可享受相当于评估费25%的奖励。这些模式的共同点是"无担保、无实物抵押、风险共担"。

该种融资模式无须担保公司的参与，信贷风险分担模式各地有所不同。

（1）北京模式中信贷违约风险由中介机构（律师事务所和资产评估公司）承担无限连带责任，政府介入较少。该种模式的不足在于贷款门槛高，风险大，一旦发生坏账，中介机构将承担巨大的损失，由于风险高，企业需要承担的评估费用、律师费用相应增加，占贷款总额12%以上，降低了企业的融资热情。

（2）江苏模式中的信贷违约风险主要由银行承担，中介机构不承担连带责任，政府用信用担保的方式将筛选后的企业推荐给银行进行专利权质押融资。江苏模式的不足在于银行承担的风险比例过高，由于无担保，同时中介机构不承担信贷损失，银行显示出对专利权质押融资信心不足。

2. 间接质押模式

间接质押模式是指对于企业利用专利权融资，银行需要担保公司提供相应担保的融资模式。其间，担保公司以担保金代为清偿银行潜在的因专利权融资业务而发生的坏账，同时要求企业以专利权和企业信用作为反担保。丁锦希等（2013）认为间接质押贷款模式增加了担保机构作为第三方担保，能有效分散专利权质押贷款机构的融资风险，从而促进融资项目的顺利开展。现阶段，我国专利权间接质押模式包括以下几方面。

（1）政府专项科技基金担保。具有代表性的为上海浦东新区，浦东新区政府通过科技发展基金每年向浦东生产力促进中心提供2000万~4000万元的担保专项资金，浦东生产力促进中心将此专项资金存入上海银行浦东分行的专户中，以此为企业融资提供95%以上的担保比例，同时要求企业以专利权进行反担保。这种融资模式可以简称为"银行＋政府基金担保＋专利权反担保"的间接质押模式。政府对成功获得专利权质押融资的企业给予一定贷款贴息，另外对于企业在专利权质押融资过程中发生的评估费用给予50%的补贴。

（2）专业担保公司介入模式。与政府专项担保基金不同的是，在国家知识产权局的专利权质押合同登记相关信息中，我们查询到质权人有"北京中关村科技融资担保有限公司""成都小企业融资担保有限责任公司""青岛担保中心有限公司""西安创新技术投资担保有限公司""上海徐汇融资担保有限公司"等具有国资背景的专业投融资担保公司，另外发现其中还包括"北京首担融资担保有限公司""中源盛祥投资担保有限公司""南京民兴信用担保有限责任公司"等民营资本担保公司的加入，专业担保公司介入模式特别是民营担保公司的加盟，有利于专利权质押融资的市场化运作发展。

该种质押模式需要担保公司的介入，存在问题主要有以下几方面。

（1）现阶段，政府融资担保比例还比较高，比如，浦东生产力促进中心承担信贷损失的比例为95%～99%，银行只承担1%～5%的担保缺口，而且大部分具有国资背景的担保公司在发生贷款风险时，也承担大部分违约风险，商业银行承担责任不足不利于专利权质押融资市场化模式的发展。

（2）由于存在担保机构的介入，企业在贷款利率费用、评估费用的基础上还要加上担保费，所以整体贷款费用占到贷款总金额的10%～15%，相对降低了企业的贷款积极性。

3. 混合模式

混合模式是在以上两种模式基础上的创新模式，这种模式的代表是湖北武汉，湖北省专利投融资综合服务平台作为全国第一家专利投融资综合服务平台（实体平台+网络平台），率先提出了"专利+股权"的双质押模式。据报道，湖北省专利投融资综合服务平台网站为企业、银行、评估、担保机构间提供一个交流的纽带和窗口。该种融资模式中，平台资源整合融资三方，武汉市知识产权局与武汉市财政局合作对拟采用专利权质押的中小企业给予贴息扶持，对于成长性良好的科技型企业优先推选给交通银行湖北省分行，在推荐的同时构建了专利投融资综合服务平台，便于企业申报、政府监督、银行审查以及中介机构对专利权价值进行评估。亮点还在于平台设置了专利权转让的相关模块，做到专利权质押信息公开，同时降低银行对专利权的处置风险，为专利权市场转让开辟了空间。截至2012年9月，湖北省专利投融资综合服务平台累计促成知识产权交易80余项，涉及金额6000余万元；促成知识产权质押贷款总额近 15 亿元。① 混合模式还包括"专利权＋有形资产质押"、"专利权＋应收账款质押"或"专利权＋法人代表无限连带责任担保"等打包质押/抵押形式。

4. 专利权质押保险新模式

以上专利权质押贷款模式主要是由银行、担保机构分担贷款风险，由于种种原因这些单位对风险的承受能力是有限的（张甦，2012）。近年来，保险公司逐步开始介入专利权质押融资业务，专利权质押保险是在专利权质押融资的基础上，引入保险公司共同分担风险，通过政府部门、金融机构和保险机构三方合作，完善专利权融资风险防控体系。这种模式的代表为镇江市和青岛市，2014 年江苏省镇江市科技局（知识产权局）与中国人民财产保险公司镇江市分公司签订合作协议，共同推出"专利保险""科技贷款保证保险"等科技保险创新产品，拓宽了知识产权变现渠道。其中，镇江市科技（知识产权）局将对按期还本付息的企业给予保费补贴，合作银行给予贷款利率优惠，目前已有两家镇江企业获得了专利权质押融资保险。② 2015 年，青岛市发布了《青岛市科学技术局科技型中小微企业专利权质押贷款资助实施细则》（以下简称《细则》），《细则》一方面提出由保险机构、担保机构和银行三方分别承担 60%、20% 和 20% 的融资风险，另一方面还提出贴息补助、保险费补助、专利评价中介机构激励以及专利处置评估资助"四补"政策。《细则》不仅明确了专利权质押风险分担机制，降低了专利权质押中企业的融资成本、银行的信贷风险，通过"四补"政策提高银行、企业、相关中介机构的积极性，还创造性提出了保险费政府资助递减

---

① 张艳：《湖北"专利质押融资"破冰》，http：//news.hexun.com/2012 – 09 – 11/145728267.html。
② 《江苏省首次推出"专利质押贷款保险"新业务》，http：//www.sipo.gov.cn/dtxx/gn/2014/201411/t20141113_1031089.html。

的方式,规定三年内保险费资助比例分别为80%、60%、40%,三年后贷款保险费用由企业自行承担。①该举措有效延长了专利权质押融资周期,增强了专利权质押融资的风险可控性,在政府大力推动的同时也强调了专利权质押融资的市场化运作方向。

当前,我国专利权质押融资还处于起步阶段,由于风险的原因,政府高调介入,努力推介、指定担保公司和保险公司,但是当前模式的持久性和科学性有待商榷,若没有政府的担保或补贴,很少有金融机构愿意介入。因此从长远来看,需要建立以市场为导向,商业银行和企业为主体,政府辅助的专利权质押融资体系。武汉市对于以专利权质押方式取得贷款的中小企业,最高可获得企业负担利息的30%、年额度不超过20万元的贴息支持。长沙市为推进知识产权质押融资工作,成立由中介服务、金融机构组成的知识产权投融资服务联盟。所以国内模式的发展目前正逐步转向以政府为导向、各种模式整合的阶段,具体实践还需时间检验。

(二) 国外专利权质押融资模式分析

1. 美国专利权质押模式分析

(1) 美国联邦小型企业局为专利权质押提供融资担保

美国联邦小型企业局(Small Business Administration,SBA)于1953年创建,1958年被美国国会确定为"永久性联邦机构",主要任务是为中小型企业向银行等金融机构贷款提供信用担保。近年来,由于科技创新型企业大量出现,美国SBA针对专利、版权、商标等知识产权专门制订了相应的融资担保推进计划,但是与政府主导型担保政策不同,美国SBA只负责协助科技型中小企业进行融资业务

---

① 《山东青岛:全国首创保险撬动专利质押贷款模式》,http://www.gov.cn/xinwen/2015-06/11/content_2877914.htm。

(SBA会组织法律、会计、投资等方面的专家组对拟担保项目的可行性进行综合评估，根据项目的风险程度，确定担保费率）。对于不能提供足够的有形资产担保和稳定现金流或正处于初创期和成长期的科技型中小企业，美国SBA设立贷款标准，提供贷款部分担保（多数是信用担保，也有一部分是按照担保比率补偿放贷人的贷款损失），降低金融机构的风险，而不直接向中小企业融资，所以保证了市场的公平融资秩序。

(2) M-CAM公司的认证资产承购价格机制

美国M-CAM公司是国际著名的知识产权分析和评估机构，成立于1997年，它提出全球首创的基于资本范式的线性风险调整成本策略（Linear Risk Adjusted Cost of Capital Paradigm），在全球市场获得巨大的成功。这个创新策略曾经应用到公司早期和美国小型企业管理局的合作中，对一些传统抵押品不足、知识产权丰富的公司，进行信用担保。同时，该创新策略在公司当前的政府基础设施采购信用责任计划（Sovereign Technology Credit Obligations，STCO[TM]）中使用。与此同时，针对专利权等知识产权普遍存在的评估和处置难题，M-CAM公司于1999年提出认证资产承购价格（Certified Asset Purchase Price，CAPP[TM]）[①] 机制，该机制给银行提供一个有时间限制，但在合约到期前不会反悔的专利权等无形资产回购合约。当资金需求方利用M-CAM提供的无形资产认购平台组建质押资产池时，M-CAM要求进入质押池的无形资产具有潜在现金流并且能够转移给第三方使用的特征。当M-CAM对质押池中的资产确认并接纳后，企业就可以将这些资产质押给银行，而M-CAM公司将提供给银行关于指定资产的远期回购合同。这样，企业就可以将专利权

[①] 《Collateral Enhancement (CAPP[TM])》, http://www.m-cam.com/collateral-enhancement-capp。

等无形资产作为等价现金的质押物去银行融资,银行对专利等知识产权资产的处置风险也将转嫁给 M-CAM 公司。认证资产承购价格机制理顺了专利权质押过程中的专利权评估、信贷以及贷后监管等流程,同时保证资产收购价格可达到融资金额的 75%,保证额度在 25 万~500 万美元,最长期限为 5 年,这就给了企业和银行对专利权等知识产权可以作为质押资产的信心。

美国专利权质押融资发展模式属于市场主导型,美国 SBA 在推动专利权质押融资中主要起信用担保或加强信用担保的作用,提供专利权质押评价和贷后管理的信息服务,本身并不为企业提供直接融资。

2. 日本专利权质押的担保制度

2010 年 5 月,日本知识产权战略本部发布《知识产权推进计划 2010》,这也是日本第八个知识产权年度推进计划。这次推进计划的突出亮点一方面在于加快专利权的审查进度以及完善侵权诉讼判决后的再审制度以提高专利权的稳定性,另一方面进一步强调知识产权战略与政府的科技政策导向相结合,进一步推动日本的高科技产业的发展和竞争力的提升。日本对于知识产权的重视和发展有目共睹,20 世纪 90 年代,亚洲金融危机导致日本经济遭受重创,企业可以用来融资担保的土地、房产等不动产价值大幅缩水,金融机构不良贷款迅速增加,日本国内企业开始寻找新的担保资源。1995 年,日本政策投资银行（Development Bank of Japan,DBJ）开展专利权抵押融资业务,仅用了十年时间,2006 年年末日本国内相关业务累计融资额已高达 180 亿日元（约合 11.52 亿元人民币）。同年,爱知县一家医疗器械厂商以其医用导管专利权作抵押获得日本政策投资银行融资 1 亿日元（约合 640 万元人民币）。与此同时,中国专利权质押融资业务才刚刚开始进行。日本质押融资的主要特点有：政府支持,长期低息贷款。日本政策投资银行的前身为日本开发银行,作

047

为日本政府的政策性银行，其定位不以营利为目的，不参与市场竞争，直接为企业提供专利权的质押融资服务，但是在批准专利权质押融资之前，必须要有日本信用保证协会（成立于1955年，实施公共信用担保的政策性金融机构）的保证合同。也就是说，中小企业需要先将专利权提交日本信用保证协会申请担保，然后交由日本政策投资银行或其他商业银行提供长期低息贷款。日本盛行的政策性金融主导的专利权质押融资模式中，日本开发银行虽然给企业提供专利权质押的资金，但是政府对专利权质押融资业务中的评估、筛选以及贷后管理工作主要交由商业机构进行，政府不干预。

3. 韩国政府主导型专利权质押融资模式分析

专利权质押融资属于系统工程，从专利权的产生、保护到商用化（包括质押融资），韩国政府都提供了强有力的支持，一定程度上解决了技术产权交流中广泛存在的资金匮乏、人力短缺和市场推广问题。2011年韩国颁布了知识产权框架协议，目的是促进知识产权的创造、保护和应用。2011年7月，韩国创办了知识产权总统委员会，规定了与知识产权相关的各种业务和配套服务措施。韩国知识产权局（KIPO）和技术交易中心（KTTC）工作的重心是整合政府资源和市场资源（包括技术转让中介机构、知识产权评估机构、融资机构），推动以专利权为代表的知识产权商用化，建立线上线下结合的知识产权交易市场（包括专利转让咨询室、知识产权图书馆、专利拍卖系统等），便于专利技术供应方和需求方之间进行交易。韩国知识产权局与多家银行合作，专门设立了资金规模达50多亿韩元的专项投资基金，解决拥有专利在内的高技术企业资金短缺问题，支持包括专利在内的高技术成果的商业化。其中，韩国知识产权局与韩国开发银行合作，开发出了专利权质押贷款产品，并已取得初步成效（李希义等，2010）。韩国技术交易中心实行会员准入制度，担保机构、技术交易机构等中介机构只有通过政府许可，才可以进入场内参与知识产权质押融资业务（鲍静海等，2014）。韩国中小企业可以向信用保证基金会下的技术估价中心申请评估，取得该中心颁发的技术担保价值评估证书后，向银行申请担保设定与融资（张雪莹等，2010）。专利权价值评估难题是制约专利权质押融资的关键因素，直接影响了专利技术市场流动性，为此，韩国知识产权局开发了一套评级系统（系统检测与评级技术，SMART，开发时间为2009~2011年，开发费用达18亿韩元），通过给技术产权评价定级的方式，将其应用于技术转让，增强了技术市场的交易能力，也进一步推动了专利权质押融资业务的开展。

（三）专利权质押融资模式的比较与启示

（1）质物风险评价和交易市场完善。对比国内外专利权质押融资的模式我们发现，美国的专利权质押融资主要是以市场为主导，在微观经济领域，质物风险的科学评价和机制设计最为关键，M-CAM公司通过与美国联邦小型企业局合作，推出认证资产承购价格机制（CAPP），理顺了专利权质押过程中的专利权评估、信贷以及贷后监管等流程，同时保证资产收购价格可达到融资金额的75%，保证额度在25万~500万美元，这种融资模式从根本上解决了制约专利权质押融资开展的瓶颈问题，也就是专利权价值的认定和专利权处置成本的问题，这种机制的推出与美国对于专利交易信息数据库的建立和公开有密切的联系，同时韩国也通过政府力量开发技术产权评估系统，通过给技术产权评估定级的方式，给技术交易市场中的供方和需方提供价值评估参考，降低了技术交易中的信息不对称性。这说明政府推动专利权质押的开展不仅要在信贷补贴和违约资金担保中发挥作用，更关键的是尽快建立技术评价和转让的信息公开机制，只有专利权等知识产权的评价和交易市场得到完善，专利权质押融资的瓶颈问题才能得到解决。Takalo et al.（2000）、

Miltersen et al. (2004) 以及崔宏 (2007) 等都指出美国对专利数据库系统数据挖掘技术的成熟和相应的评级机构（Patent Ratings）的深度参与便利了专利交易市场的建立和完善。

（2）建立政策性融资机构。分析发现，日本专利权质押融资贷款主要由日本政策投资银行开展，而商业银行开展的比例都显著低于政策银行的融资数量和规模，这说明专利权质押由专门的政策银行来扶持效果更显著，而我国目前开展相关业务的还主要是商业性银行，缺少对口科技支持的政策性银行机构。

（3）长期扶持而非短期输血。专利权质押融资本质上是对技术密集型企业的资金扶持，而技术密集型企业的特点就是研发经费投入高，而且持续时间长，所以专利权质押融资如果仅仅是国内银行 1～2年的融资周期，则很难满足企业的发展需求。美国联邦小企业局结合 M-CAM 对专利权的估值，给企业提供的贷款期限最长可达 5 年，较长的贷款时间可以让企业把更多的精力放在技术的提升和市场的开拓上，对企业发展的影响是巨大的。

（4）担保机构的设立和担保方式的选择。美国、日本和韩国对专利权融资的担保大部分是信用加强方式，即主要依靠企业自身的担保能力，而政府则发挥辅助作用，美国的联邦小型企业局、日本的信用保证协会以及韩国的信用保证基金会的作用就在于此。相比较而言，国内的担保是政府过度担保，银行对专利权质押的信心主要来源于政府而非企业本身。担保方式上，政府往往选择资信担保而非信用担保，原因主要在于国内开展专利权质押的时间还比较短，银行对专利权的了解还很不够，同时专利权的交易市场还很不成熟，余丹、范晓宇（2010）和应飞虎（2006）认为风险防范的根本在于风险控制权的赋予以及权利的合理配置，公权机构的过度自信和对私权主体行为复杂性认识不足，具体表现为信息获取不足以及利益保护的简单化处理，权利配置的不当，这可能对被保护人和相关利益人产生不良的行为生态，进而导致对交易双方及影响主体都不利的结局。所以政府应该在专利权质押融资中起引导作用而非主导作用，企业和银行都应该承担开展此业务的风险，所以建议政府今后的担保方向应该以信用担保为主，资金代偿担保为辅。

回顾近十年来，在政府大力推动下，专利权质押融资在我国取得长足发展，这说明深化基于专利权质押融资的科技金融理论研究和实践探索非常必要。现阶段，国内专利权质押融资还存在较多问题，谭祖卫等（2014）认为由于受到自身盈利模式限制，银行等传统金融机构对信用化资产在公用性、变现性、保值性以及可估性方面具有较高要求，与技术资产的专属性、依赖性、时效性以及虚拟性等特征相抵触。洪银兴（2011）认为从科技创新发展的规模和趋势看，只是靠市场方式发展科技金融（如创新知识产权抵押获取银行贷款等）是不够的，需要在制度安排上大范围发展科技金融。张恒等（2014）认为当下我国资本、金融市场成熟度较发达国家还有所欠缺，适合高技术企业的融资服务体系尚不健全，适合科技型中小企业不同发展阶段的融资渠道并不通畅。因此，必须发挥政府对市场的引导作用，为市场作用的发挥搭建好平台，提供必要的保障。截至2014年，全国大部分地区都已出台以专利权为代表的知识产权质押贷款相关配套政策（包含财政关于贷款利息补贴、担保费用补贴、评估费用补贴以及奖励政策等）。以湖北武汉专利投融资综合服务平台、重庆两江知识产权质押融资服务平台以及中国技术交易所知识产权质押融资平台为先导，全国各地技术产权交易所以及知识产权服务机构都陆续建立起专利权投融资服务、质物处置等服务平台，以系统化解决科技企业在专利权质押融资过程中存在的问题。

本章小结

本章首先介绍了专利权质押融资的相关理论，研究了专利权质押与实物资产以及其他权利资产质押的区别，进一步考察了基于银行信贷的专利权质押融资参与主体以及实施流程，最后详细调查了国内外专利权质押模式，国外的包括美国、日本和韩国的专利权质押模式。通过比较得出专利权质押融资模式的相关启示，提出加强质物风险评价和信贷机制设计、建立政策性融资机构、长期扶持而非短期输血、注重担保机构的设立和担保方式的选择等方面的建议。

第三章　基于银行信贷的专利权质押融资演化博弈分析

在主流银行信贷市场中，专利权质押的重要问题是提高银行处理相关业务的积极性，由于信息的不对称，银行和企业之间"天然"存在博弈关系。银企信息不对称的背景下，加强信贷资金安全成为巩固银企双方关系的重要问题，在银企信贷过程中，企业对借入资金产生的收益和风险有较充分的认识而处于强势地位，而银行不能直接参与和完全监控信贷资金的使用，也无法准确判断借款人的资金偿还概率，因而处于信息劣势地位。因此为了避免由于信息不对称产生的信贷风险，银行选择了信贷配给，这种机制直接导致银行对企业的贷款供给减少，尤其对于低风险、高投资回报率的高技术中小型企业使用知识产权这种"无形"而且未来收益难以确定的质押物而言，极有可能产生"错杀"，所以对专利权质押融资的信贷博弈分析将有助于找出影响银企之间选择策略的关键因子，并对其进行政策调整，进而对相关业务的博弈演化趋势产生积极影响，这对于政策的合理制定提供了一定的理论指导。

一　演化博弈理论概述

静态博弈、动态博弈一般假设博弈双方为完全理性群体，而现实中，信息体系的不健全、信息的不完全以及商业银行和中小企业的有限理性，而且整个融资过程受外部环境改变和内部因素调整的交互影响，使博弈参与方需要根据对方反应不断学习和改进自身的行为，随时间的变化不断演化，这就将传统博弈论和动态演化结合起来，以有限理性的参与方为研究对象，以系统论的观点研究整体行为及策略的分布规律。在演化博弈论中，核心的概念是"演化稳定策略"（Evolutionary Stable Strategy，ESS）和"复制动态"（Replicator Dynamics，RD）。ESS 表示一个种群抵抗变异策略侵入的一种稳定状态，复制动态实际上描述了某一特定策略在一个种群中被采用的频数的动态微分方程。当一种策略的适应度比种群的平均适应度高，这种策略就会在种群中发展，即适者生存。20世纪70年代以来，随着制度经济学、博弈论以及信息经济学的发展，学术界主要围绕信息不对称和交易成本这两个核心问题来研究市场主体信用行为以及行业信用制度建设、信用风险管理等。学术界认为银行和企业之间的信贷交往主要是基于不完全信息动态博弈下的信号传递博弈，而且近年来演化博弈作为经济学的重要分析手段已经逐渐应用于金融创新、买卖双方担保机制、中小企业银行贷款与信用担保，所以用博弈论来分析银企融资问题是目前采用较多的方法之一。

二 专利权质押融资的演化博弈模型

中小企业融资难问题由来已久，在银企信息不对称的事实下，由于该类型企业高风险、高失败率和现金流较差等特性导致其在不完美市场中产生较高的交易成本、信息成本、管理风险，这使得融资约束效应更加明显。在银企信贷过程中，加强信贷资金安全成为巩固银企双方关系的重要问题，企业对借入资金产生的收益和风险有较充分的认识而处于强势地位：企业具有了解自身信息、行业信息、竞争对手信息、潜在竞争对手信息和贷款资金使用信息等优势；而银行不能直接参与和完全监控信贷资金的使用，也无法准确判断借款人的资金偿还概率，因而处于信息劣势地位。因此为了避免由于信息不对称产生信贷风险，银行选择了信贷配给（Credit Rationing），这种机制直接导致银行对企业的贷款供给减少，尤其对于低风险、高投资回报率的高技术中小型企业使用知识产权这种"无形"而且未来收益难以确定的质押物而言，极有可能产生"错杀"，所以接下来的工作可以通过建立基于专利权质押的银企演化博弈模型，通过研究专利权质押融资中银企之间博弈支付矩阵，找出影响银企之间选择策略的演化路径，并对其进行政策调整，进而对博弈演化趋势产生积极影响。

（一）模型假设

1. 假设在一个自然随机市场中，存在科技型企业群体和银行群体，单个企业和单个银行随机配对进行信贷活动。假设市场存在科技资产担保机制[①]，即企业可以为专利权申请反担保，博弈的参与方互相不知道对方的收益函数，而同时存在信息搜集成本，这使得博弈参与方在追求个体收益最大化的同时无法作出完全理性的决策，所以假定银行与企业是有限理性的。

2. 企业与银行信贷交往中存在两种策略：一种是为专利权融资寻求科技担保机构的反担保[②]，以提高银行对其融资资信的评级，同时需付出一定的担保成本（担保费率为融资金额的比率 η）；另一种是直接以其拥有的专利权质押给银行申请融资，而不寻求专利权反担保。专利权作为质权的特殊属性（法律灭失风险、评估风险、技术替代风险等），使得银行的贷后风险提高，所以银行会降低企业的资信评级，企业将承受无担保信贷损失。假设专利权反担保的担保费用低于企业无担保时的信贷损失，如不然，企业将没有动力为专

[①] 张艳：《湖北"专利质押融资"破冰》，http://news.hexun.com/2012-09-11/145728267.html。
[②] 专利权质押反担保是指企业向银行申请专利权融资时，由第三方担保公司为该笔融资提供贷款担保，借款人将其合法所有的专利权质押给担保中心，以取得贷款的一种反担保方式。专利权质押应依法在国家知识产权局办理质押登记。

利权寻求反担保。

3. 假设贷款终期，企业的违约概率外生为 θ，对于贷款事前进行反担保的企业，银行不产生信贷损失（假设科技担保机构给予专利权的反担保金额等于企业贷款本息和），而向事前没有对专利权寻找反担保的企业贷款，银行将承担一定的信贷风险损失。

4. 不考虑资金使用的机会成本，假设企业根据专利技术的初始评估值 H 向银行申请贷款，由于现阶段不存在成熟的专利权交易的市场，所以 H 只反映评估基准日专利的静态市场价值。进一步考虑到专利技术的可替代性以及专利剩余有效期对其价值的影响，贷款终期专利权的市场价值将低于专利权初始评估价值，即 $H > C_t$（专利权易贬值的特征）。

5. 虽然中小企业贷款数额有限（不考虑资金利用机会成本），但由于无其他有形资产可以抵押贷款（假设企业会优先考虑以有形资产抵押贷款），当银行和企业之间贷款协议未能达成时，企业存在显著的发展机会损失。

（二）博弈模型建立

如表 3-1 表示。

表 3-1　专利权质押融资演化博弈模型 I

		企业 E_1	企业 E_2
银行	B_1	$H(r-\rho)$, $H(1+r+\lambda-\eta)$	$(1-\theta)H(r-\rho)+\theta[C_t-(1+r)H]$, $H(1+r+\lambda)-\gamma$
银行	B_2	$0, -C_1$	$0, -C_2$

其中，

E_1 表示申请银行融资为所质押专利权寻求反担保的企业

E_2 表示申请银行融资直接以专利权质押给银行的企业

B_1 表示银行选择为专利权进行贷款

B_2 表示银行选择不为专利权进行贷款

H 表示企业申请的贷款金额

r 表示银行的贷款利率

λ 表示企业项目投资收益率高于融资利率的部分

η 表示企业的担保融资费率

ρ 表示表示无风险投资收益率（通常指购买国债的收益率）

γ 表示企业的无担保损失 [为简化起见①，假设科技担保机构给予专利权的反担保金额等于企业贷款本利和，银行将给予企业全额贷款，γ 可以理解为企业专利权的"信贷评级损失"，包括：由于企业专利权没有经过反担保，在银行信贷评级的不够而致使企业的信贷损失（当信贷资源有限时，银行会根据申请人的风险对信贷实施配给，credit rationing）；如遇特殊情况造成企业无法按约还贷，其给银行造成信贷损失的同时，也会影响企业今后在银行的资信评级，也即企业潜在信用风险损失]

θ 表示企业贷款的违约率，为模型外生变量

C_1 表示为企业寻求专利权反担保的企业贷款未获批的机会成本

C_2 表示企业直接利用专利权向银行申请贷款未获批的机会成本

（由于 C_1 不仅包含未达成贷款协议的发展机会损失，还包含为寻求专利权反担保的信息搜集和协调成本，假设 $C_1 > C_2$）

假设银行群体中选择为专利权贷款的比例为 p，选择不为专利权贷款的比例为 $1-p$，企业选择为所质押专利权寻求反担保的比例为

---

① 该假设在现实中存在例证，专利权质押浦东模式中，浦东生产力中心（专利权质押担保机构）作为政府职能延伸承担了95%~99%的风险，上海银行浦东分行只承担1%~5%的信贷风险；北京模式中，专利权质押的风险全部被北京经纬律师事务所、连城资产评估机构等中介机构分担。

q，选择直接以专利权质押给银行的比例为 $1-q$。

其中 U_{B_1} 为采用 B_1 策略的银行的期望收益，U_{B_2} 为采用 B_2 策略的银行的期望收益，分别为：

$$\begin{cases} U_{B_1} = qH(r-\rho) + (1-q)\{(1-\theta)H(r-\rho) + \theta[C_t - (1+r)H]\} \\ U_{B_2} = 0 \end{cases}$$

(3-1)

其中 U_{E_1} 为采用 E_1 策略的企业的期望收益，U_{E_2} 为采用 E_2 策略的企业的期望收益，分别为：

$$\begin{cases} U_{E_1} = pH(1+r+\lambda-\eta) + (1-p)(-C_1) \\ U_{E_2} = p[H(1+r+\lambda)-\gamma] + (1-p)(-C_2) \end{cases}$$

(3-2)

根据 Malthusian 方程，结合式（3-1）和（3-2），企业和银行的复制动态方程如下：

$$F(p) = \frac{dp}{dt} = p(1-p)((1-\theta)H(r-\rho) + \theta(C_t - (1+r)H) + q(\theta((1+r)H - C_t) + \theta H(r-\rho)))$$

(3-3)

$$F(q) = \frac{dq}{dt} = q(1-q)[C_2 - C_1 + p(\gamma - H\eta + C_1 - C_2)]$$

(3-4)

（三）演化博弈过程的稳定策略分析

根据演化稳定性质，一个稳定状态必然对微小的干扰具有稳定性才能作为演化稳定策略，作为演化稳定策略的点 ζ^*，需要满足当 $\zeta < \zeta^*$ 时，$F(\zeta) > 0$；当 $\zeta > \zeta^*$ 时，$F(\zeta) < 0$，由微分方程的稳定性定理可以得到，$F'(\zeta^*) < 0$。设 $\overline{U}_B = pU_{B_1} + (1-p)U_{B_2}$，$\overline{U}_E = qU_{E_1} + (1-q)U_{E_2}$。

1. 银行演化稳定策略分析

由（3-3）式，令 $F(p) = 0$ 可得

$$p_1=0, p_2=1 \text{ 以及 } q_0=\frac{\theta[(1+r)H-C_t]-(1-\theta)H(r-\rho)}{\theta[(1+r)H-C_t]+\theta H(r-\rho)}$$

当 $q=q_0=\dfrac{\theta[(1+r)H-C_t]-(1-\theta)H(r-\rho)}{\theta[(1+r)H-C_t]+\theta H(r-\rho)}$ 时，$F(p)=\dfrac{dp}{dt}\equiv0$，意味着所有的水平都是稳定状态，实际意义是当企业以 $q=q_0$ 的概率选择为专利权进行反担保时，银行选择"贷款"或者"不贷款"两种策略是无差异的。当 $q\neq q_0$ 时，$p_1=0$ 和 $p_2=1$ 是两种稳定状态，当 $q>\dfrac{\theta[(1+r)H-C_t]-(1-\theta)H(r-\rho)}{\theta[(1+r)H-C_t]+\theta H(r-\rho)}$ 时，$F'(p=0)>0$，$F'(p=1)<0$，即 $p_2=1$ 是演化稳定策略，因为，当 $q>\dfrac{\theta[(1+r)H-C_t]-(1-\theta)H(r-\rho)}{\theta[(1+r)H-C_t]+\theta H(r-\rho)}$ 时，$F(p)=p(U_{B_1}-\overline{U}_B)>0$，即 $U_{B_1}>\overline{U}_B$，银行选择"贷款"策略的期望收益大于平均期望收益，所以银行的演化稳定状态为选择"贷款"。

同理，当 $q<\dfrac{\theta[(1+r)H-C_t]-(1-\theta)H(r-\rho)}{\theta[(1+r)H-C_t]+\theta H(r-\rho)}$ 时，$F'(p=0)<0$，$F'(p=1)>0$，即 $p_1=0$ 是演化稳定策略，因为当 $q<\dfrac{\theta[(1+r)H-C_t]-(1-\theta)H(r-\rho)}{\theta[(1+r)H-C_t]+\theta H(r-\rho)}$ 时，$F(p)=p(U_{B_1}-\overline{U}_B)<0$，即 $U_{B_1}<\overline{U}_B$，银行选择"贷款"的期望收益小于总的期望收益，所以银行的演化稳定状态是选择"不贷款"。

2. 企业演化稳定策略分析

由（3-4）式，$F(q)=0$ 可得

$$q_1=0, q_2=1, p_0=\frac{C_1-C_2}{\gamma-H\eta+C_1-C_2}$$

当 $p=p_0=\dfrac{C_1-C_2}{\gamma-H\eta+C_1-C_2}$ 时，$F(q)=\dfrac{dq}{dt}\equiv0$，意味着所有的水

平都是稳定状态,实际意义是当银行以 $p=p_0$ 的概率选择为专利权质押进行"贷款"时,企业选择为专利权进行反担保或是不进行反担保的两种策略是无差异的。当 $q \neq q_0$ 时,$q_1=0$ 和 $q_2=1$ 是两种稳定状态,当 $p > \dfrac{C_1-C_2}{\gamma-H\eta+C_1-C_2}$ 时,$F'(q=0)>0, F'(q=1)<0$,即 $q_2=1$ 是演化稳定策略,因为当 $p > \dfrac{C_1-C_2}{\gamma-H\eta+C_1-C_2}$ 时,$F(q)=q(U_{E_1}-\overline{U}_E)>0, U_{E_1}>\overline{U}_E$,企业选择为专利权进行反担保的期望收益大于总的期望收益,所以企业的演化稳定状态为选择为专利权进行反担保。

同理,当 $p < \dfrac{C_1-C_2}{\gamma-H\eta+C_1-C_2}$ 时,$F'(q=0)<0, F'(q=1)>0$,即 $q_1=0$ 是演化稳定策略,因为当 $p < \dfrac{C_1-C_2}{\gamma-H\eta+C_1-C_2}$ 时,$F(q)=q(U_{E_1}-\overline{U}_E)<0$,即 $U_{E_1}<\overline{U}_E$,企业选择为专利权进行反担保的期望收益小于总的期望收益,所以企业的演化稳定状态为选择不为专利权寻求反担保。

进一步将银行和企业两个群体博弈类型比例变化的复制动态关系用以 p 和 q 为坐标的平面 $M=\{(p,q); 0 \leq p,q \leq 1\}$ 图来表示,

当 $\theta[(1+r)H-C_t]>(1-\theta)H(r-\rho)$ 时,即企业违约后银行的损失高于专利权质押融资的收益时,系统存在 5 个平衡点,分别是不具备复制动态收敛和抗干扰的稳定点(0,1)和(1,0)、ESS 均衡点(0,0)和(1,1)以及鞍点

$$F_0 = \left(\dfrac{C_1-C_2}{\gamma-H\eta+C_1-C_2}, \dfrac{\theta[(1+r)H-C_t]-(1-\theta)H(r-\rho)}{\theta[(1+r)H-C_t]+\theta H(r-\rho)} \right)$$

当初始状态在 B 区域时,系统将收敛到(1,1)点,即企业的最终演化均衡决策是努力为专利权质押寻求反担保以降低银行的信贷风险,而银行的演化均衡决策是给予企业贷款扶持企业发

展。而当初始状态在 C 区域时，系统将收敛到（0，0）点，即企业的最终演化均衡决策是不为专利权质押寻求反担保，而银行的相应演化均衡决策是不为企业提供贷款扶持。鞍点 $F_0(p_0, q_0)$ 是分界点，随着 $F_0(p_0, q_0)$ 点的移动，它可以改变区域 B 和区域 C 的面积大小（见图 3-1）。

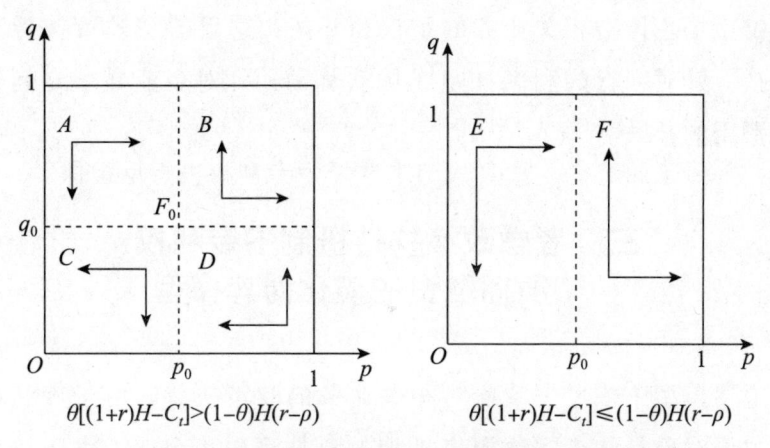

图 3-1 专利权质押融资演化博弈模型 I 演化路径

当 $\theta[(1+r)H-C_t] \leq (1-\theta)H(r-\rho)$，即企业违约后银行的损失低于专利权质押融资的收益时，系统存在不稳定点（1，0）和 ESS 均衡点（1，1）。当初始状态在 F 区域时，系统将收敛到（1，1）点，即企业的最终演化均衡决策是努力为专利权质押寻求反担保以降低银行的信贷风险，而银行的演化均衡决策是给予企业贷款扶持企业发展。然而根据市场调查，专利权价值的独特属性使得专利权不仅存在贬值倾向，而且现阶段，一旦企业违约，银行很难通过专利权拍卖获得足够的信贷补偿。

由此可见，在"自然"条件下，专利权质押的信贷市场演化结果会呈现显著差异，一种是金融机构支持专利权质押融资，企业努力降低专利权质押融资的风险，另一种是金融机构不支持专利权质押融资，企业放弃专利权质押的风险降低方案。当博弈参与方的规模收益递增普遍发生时，市场演化的方向会得到巩固和加强，沿着良性循环轨迹发展，当博弈参与方规模收益递增不能普遍发生时，市场会朝着非绩效方向发展，而且愈陷愈深，最终"闭锁"在无效率的状态。事实上，从各国的实践来看，专利权质押融资由于其独特的复杂性和高风险性，初期阶段政府会有一定的政策推动和扶持，以激励市场主体对相关业务的重视和开拓，这里的"政策扶持"一般包括：针对银行的利率补贴或贷款奖励；针对企业寻求专利权反担保费用的补贴。

三 考虑政策扶持机制下专利权质押融资的演化博弈模型

上述模型中未考虑政府对相关业务的政策扶持，由于专利权质押的主要对象是缺少实物资产抵押的科技型中小企业，由于信息不对称和道德风险的存在，该类型企业很难获得银行的信贷支持，虽然专利权质押融资开辟了"知本"向"资本"转化的途径，但是专利权本身的独特性（评估难和处置难）使得银行对相关业务大多"望而却步"。随着知识经济的逐步发展，专利权完全可以和实物资产一样，作为企业获得银行信贷的筹码。在初始阶段，政府相关的政策支持对相关市场的演化发展起着举足轻重的作用（演化博弈的路径依赖）。在政府政策支持情况下，假设政府对银行每贷出一笔专利权质押款，即给予融资本金比例 K 的奖励，而且同时对寻求专利权反担保的企业给予担保费率 M 的补贴，则企业和银行的支付矩阵产生相应的改变。

（一）模型的建立

如表 3-2 所示。

表3-2 专利权质押融资演化博弈模型 II

		企业	
		E_1	E_2
银行	B_1	$H(r-\rho+K)$, $H(1+r+\lambda-\eta+M)$	$(1-\theta)H(r-\rho)+\theta[C_t-(1+r)H]+HK$, $H(1+r+\lambda)-\gamma$
	B_2	0, $-C_1+HM$	0, $-C_2$

银行群体的期望收益方程为

$$\begin{cases} U_{B_1} = qH(r-\rho+K)+(1-q)\{(1-\theta)H(r-\rho)+\theta[C_t-(1+r)H]+HK\} \\ U_{B_2} = 0 \end{cases}$$

(3-5)

企业群体的期望收益方程为

$$\begin{cases} U_{E_1} = pH(1+r+\lambda-\eta+M)+(1-p)(-C_1+HM) \\ U_{E_2} = p[H(1+r+\lambda)-\gamma]+(1-p)(-C_2) \end{cases}$$

(3-6)

根据 Malthusian 方程，结合式（3-5）和（3-6），企业和银行的复制动态方程如下：

$$F(p) = \frac{dp}{dt} = p(1-p)((1-\theta)H(r-\rho)+\theta(C_t-(1+r)H)+HK+$$
$$q(\theta((1+r)H-C_t)+\theta H(r-\rho)))$$

(3-7)

$$F(q) = \frac{dq}{dt} = q(1-q)[C_2-C_1+HM+p(\gamma-H\eta+C_1-C_2)]$$

(3-8)

（二）演化稳定策略分析

银行和企业的稳定策略分析过程同"演化博弈过程的稳定策略分析"所述，故不再详述。

当 $\theta[(1+r)H-C_t] > (1-\theta)H(r-\rho)$ 时，即企业违约后银行的

损失高于专利权质押融资的收益时,系统存在 5 个平衡点,分别是不具备复制动态收敛和抗干扰的稳定点 (0,1) 和 (1,0)、ESS 均衡点 (0,0) 和 (1,1) 以及鞍点

$$F_0 = \left(\frac{C_1 - C_2 - HM}{\gamma - H\eta + C_1 - C_2}, \frac{\theta[(1+r)H - C_t] - (1-\theta)H(r-\rho) - HK}{\theta[(1+r)H - C_t] + \theta H(r-\rho)} \right)$$

当不断增大政策性担保费率补贴 HM 和政策性贷款贴息或奖励 HK 时,$F_0(p_0, q_0)$ 会向 (0,0) 点移动,此时 C 区域面积缩小,而 B 区域面积扩大,这说明,若企业为专利权寻求反担保的成本可以得到相应补贴,企业为专利权寻求反担保的意愿就会增强,同时,若银行为专利权质押融资的期望信贷损失可以得到政府贷款贴息或奖励的弥补,那么其会显著增强银行的贷款信心(见图 3-2)。

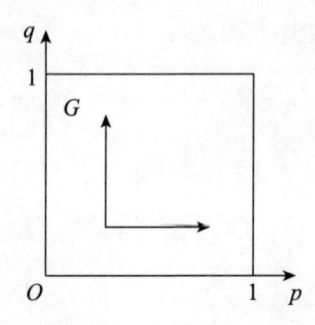

图 3-2 考虑政策扶持机制下博弈演化路径

在图 3-2 中,从 G 中任何初始状态出发,系统都将收敛到 (1,1),即所有商业银行都选择为专利权质押融资贷款,而企业都努力寻求专利权反担保从而降低银行的信贷风险。

四 演化博弈模型的数值分析

为了更直观看出个体因素对银行的贷款概率 p 以及企业为专利权寻求反担保的概率 q,我们用 matlab 对 p 和 q 的演化做数值分析实

验,固定某些因素不变,假设银行的无风险利率和贷款利率已知,企业申请银行的贷款数额假定为100万元(为专利权的初始评估价值),考虑专利权在贷款终期的价值 C_t 三种情形下(C_t 贬值率为30%,50%和70%)相应的实验结果。

(一) 对银行决策的数值分析

根据银行复制动态方程

$$F(p) = \frac{dp}{dt} = \frac{p_{t+1} - p_t}{\Delta t} = p_t(1-p_t)((1-\theta)H(r-\rho) + \theta(C_t - (1+r)H) + q(\theta((1+r)H - C_t) + \theta H(r-\rho)))$$

可得递归方程

$$P_{t+1} = p_t + p_t(1-p_t)\Delta t((1-\theta)H(r-\rho) + \theta(C_t - (1+r)H) + q(\theta((1+r)H - C_t) + \theta H(r-\rho)))$$

其中,令 $\Delta t = 0.1$ 且 $t \in [0,5]$,均衡概率 $q_0 = \dfrac{\theta[(1+r)H - C_t] - (1-\theta)H(r-\rho)}{\theta[(1+r)H - C_t] + \theta H(r-\rho)}$。当 $t=0$ 时,我们给定不同的初始 p 值,并对其他参数赋予不同组的值做数值实验。

1. 固定其他值不变,只变动 θ 值

根据假设,θ 值代表企业违约的外生变量,影响 θ 的因素很多,有宏观风险和微观风险,当企业的违约发生时,由于专利权的处置风险,未经担保的专利权将会给银行带来相应的信贷损失。

第一组:当专利权在贷款终期的贬值率为30%时,$C_t = 70$

取 $r = 0.065$,$\rho = 0.035$,$H = 100$,$q = 0.5$

(1) 令 $\theta = 0.12$,即假设专利权质押市场中会有12%的企业在贷款终期违约(见图3-3),

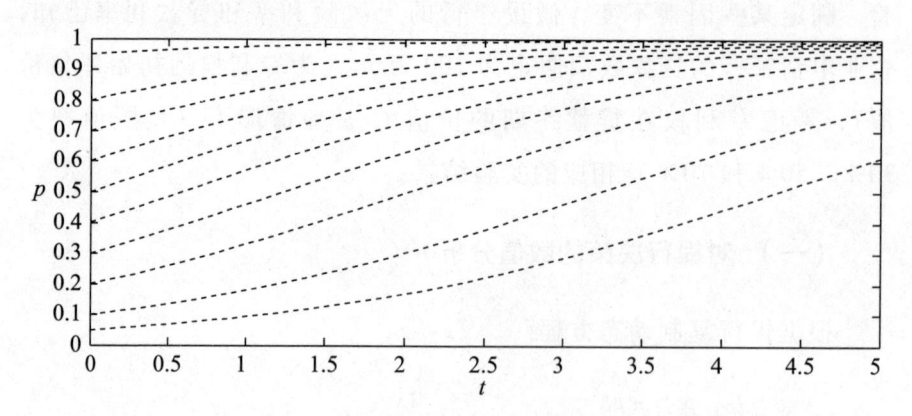

图 3-3　$C_t = 70$，$\theta = 0.12$ 时，银行贷款概率 p 的演化趋势

此时 $q_0 = \dfrac{\theta[(1+r)H - C_t] - (1-\theta)H(r-\rho)}{\theta[(1+r)H - C_t] + \theta H(r-\rho)} = 0.3671, q = 0.5 > q_0$

从图 3-3 中可以看出，银行的"贷款"概率 p 在不断演化趋于 1，但速率比较缓慢。

（2）令 $\theta = 0.10$，即假设专利权质押市场中会有 10% 的企业在贷款终期违约（见图 3-4），

此时 $q_0 = \dfrac{\theta[(1+r)H - C_t] - (1-\theta)H(r-\rho)}{\theta[(1+r)H - C_t] + \theta H(r-\rho)} = 0.24, q = 0.5 > q_0$

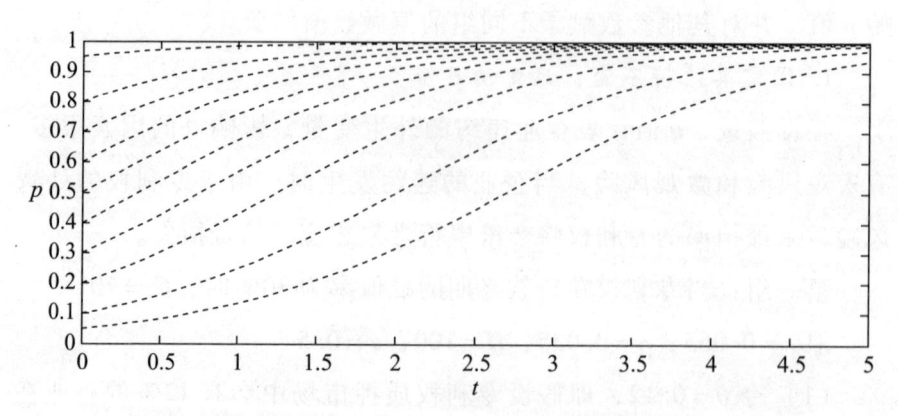

图 3-4　$C_t = 70$，$\theta = 0.10$ 时，银行贷款概率 p 的演化趋势

从图 3-4 中可以看出，银行的"贷款"概率在不断演化趋于 1，但速率比 $\theta=0.15$ 时明显加快。

（3）令 $\theta=0.08$，即假设专利权质押市场中会有 8% 的企业在贷款终期违约（见图 3-5），

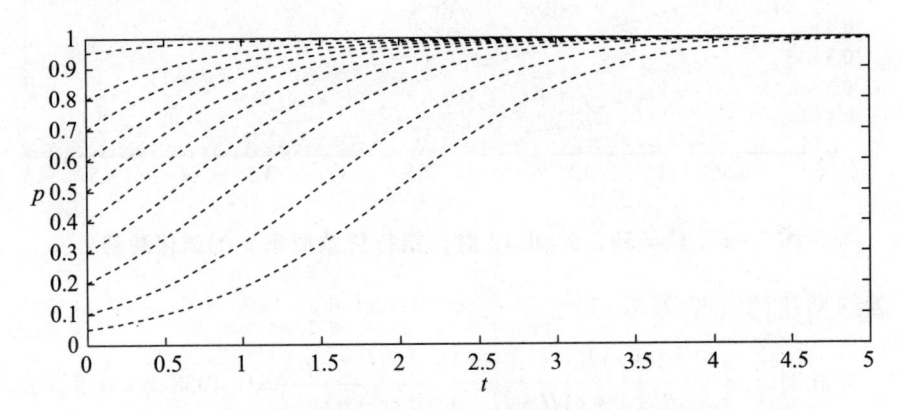

图 3-5　$C_t=70$，$\theta=0.08$ 时，银行贷款概率 p 的演化趋势

此时 $q_0=\dfrac{\theta[(1+r)H-C_t]-(1-\theta)H(r-\rho)}{\theta[(1+r)H-C_t]+\theta H(r-\rho)}=0.0506, q=0.5>q_0$

从图 3-5 中可以看出，银行的"贷款"概率在不断演化趋于 1，但速率比 $\theta=0.1$ 时进一步加快。

第二组：当专利权在贷款终期的贬值率为 50% 时，$C_t=50$

取 $r=0.065$，$\rho=0.035$，$H=100$，$q=0.5$

（1）令 $\theta=0.12$，即假设专利权质押市场中会有 12% 的企业在贷款终期违约（见图 3-6），

此时 $q_0=\dfrac{\theta[(1+r)H-C_t]-(1-\theta)H(r-\rho)}{\theta[(1+r)H-C_t]+\theta H(r-\rho)}=0.5798, q=0.5<q_0$

从图 3-6 中可以看出，银行的"贷款"概率 p 在不断演化趋于 0，但速率比较缓慢。

（2）令 $\theta=0.1$，即假设专利权质押市场中会有 10% 的企业在贷

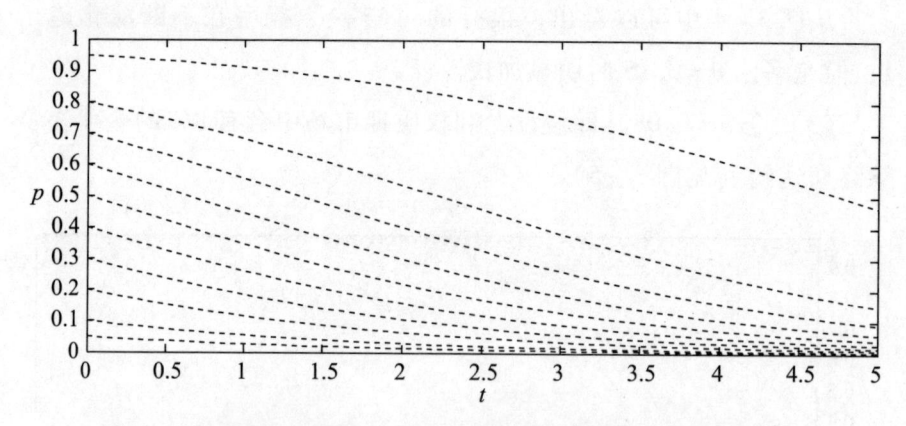

图 3-6　$C_t = 50$，$\theta = 0.12$ 时，银行贷款概率 p 的演化趋势

款终期违约（见图 3-7），

此时 $q_0 = \dfrac{\theta[(1+r)H - C_t] - (1-\theta)H(r-\rho)}{\theta[(1+r)H - C_t] + \theta H(r-\rho)} = 0.4958, q = 0.5 > q_0$

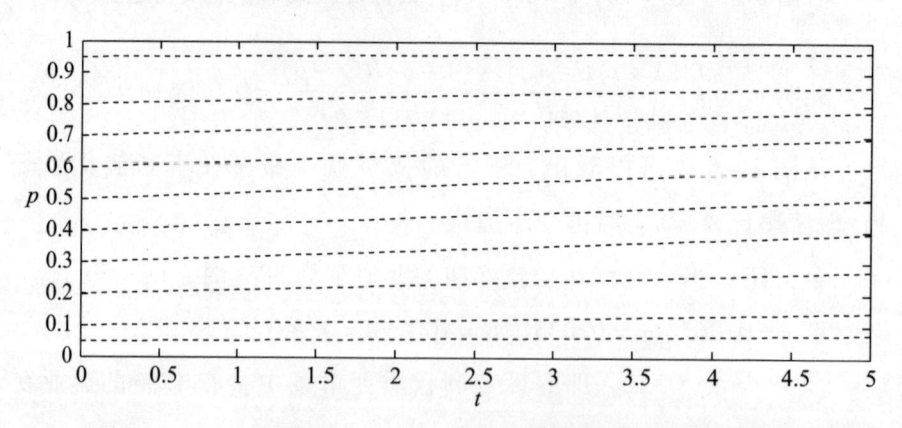

图 3-7　$C_t = 50$，$\theta = 0.1$ 时，银行贷款概率 p 的演化趋势

从图 3-7 中可以看出，银行的"贷款"概率 p 趋于向 1 演化，但速率比较缓慢。

(3) 令 $\theta = 0.08$，即假设专利权质押市场中会有 8% 的企业在贷款终期违约（见图 3-8），

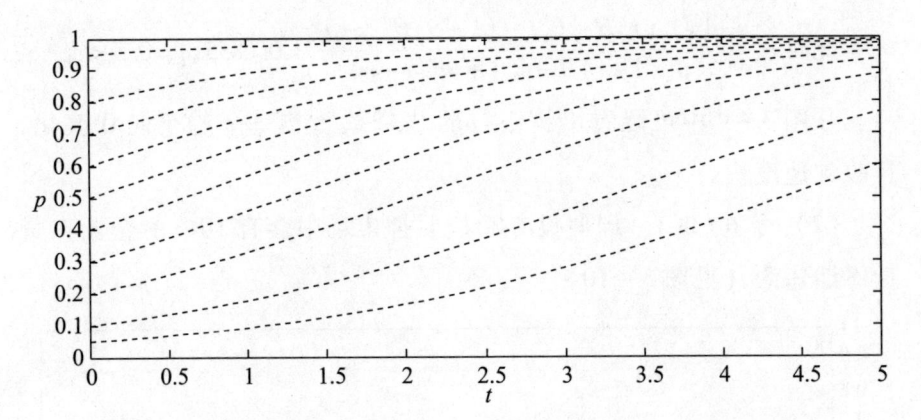

图 3-8　$C_t = 50$，$\theta = 0.08$ 时，银行贷款概率 p 的演化趋势

此时 $q_0 = \dfrac{\theta[(1+r)H - C_t] - (1-\theta)H(r-\rho)}{\theta[(1+r)H - C_t] + \theta H(r-\rho)} = 0.3697$，$q = 0.5 > q_0$

从图 3-8 中可以看出，银行的"贷款"概率 p 在不断演化趋于 1，但速率较 $\theta = 0.1$ 明显加快。

第三组：当专利权在贷款终期的贬值率为 70% 时，$C_t = 30$

取 $r = 0.065$，$\rho = 0.035$，$H = 100$，$q = 0.5$

（1）令 $\theta = 0.12$，即假设专利权质押市场中会有 12% 的企业在贷款终期违约（见图 3-9），

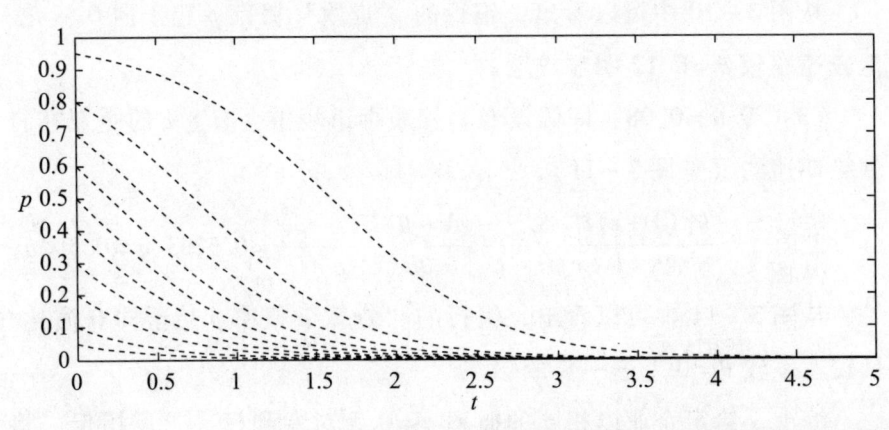

图 3-9　$C_t = 30$，$\theta = 0.12$ 时，银行贷款概率 p 的演化趋势

此时 $q_0 = \dfrac{\theta[(1+r)H - C_t] - (1-\theta)H(r-\rho)}{\theta[(1+r)H - C_t] + \theta H(r-\rho)} = 0.6855, q = 0.5 < q_0$

从图 3-9 中可以看出，银行的"贷款"概率 p 趋于向 0 演化，且收敛速度快。

（2）令 $\theta = 0.1$，即假设专利权质押市场中会有 10% 的企业在贷款终期违约（见图 3-10），

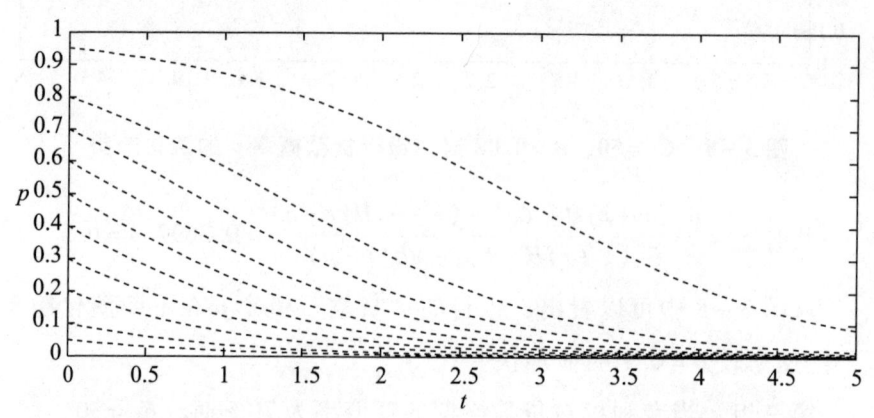

图 3-10　$C_t = 30$，$\theta = 0.1$ 时，银行贷款概率 p 的演化趋势

此时 $q_0 = \dfrac{\theta[(1+r)H - C_t] - (1-\theta)H(r-\rho)}{\theta[(1+r)H - C_t] + \theta H(r-\rho)} = 0.6226, q = 0.5 < q_0$

从图 3-10 中可以看出，银行的"贷款"概率 p 趋于向 0 演化，但较速率较 $\theta = 0.12$ 明显放缓。

（3）令 $\theta = 0.08$，即假设专利权质押市场中会有 8% 的企业在贷款终期违约（见图 3-11），

此时 $q_0 = \dfrac{\theta[(1+r)H - C_t] - (1-\theta)H(r-\rho)}{\theta[(1+r)H - C_t] + \theta H(r-\rho)} = 0.5283, q = 0.5 < q_0$

从图 3-11 中可以看出，银行的"贷款"概率 p 趋于向 0 演化，且较速率较 $\theta = 0.1$ 进一步放缓。

综上，给定企业以相同的概率 $q = 0.5$ 对专利权寻求反担保，将仿真实验分三组（专利权价值贬值率为 30%、50% 和 70%）进行，

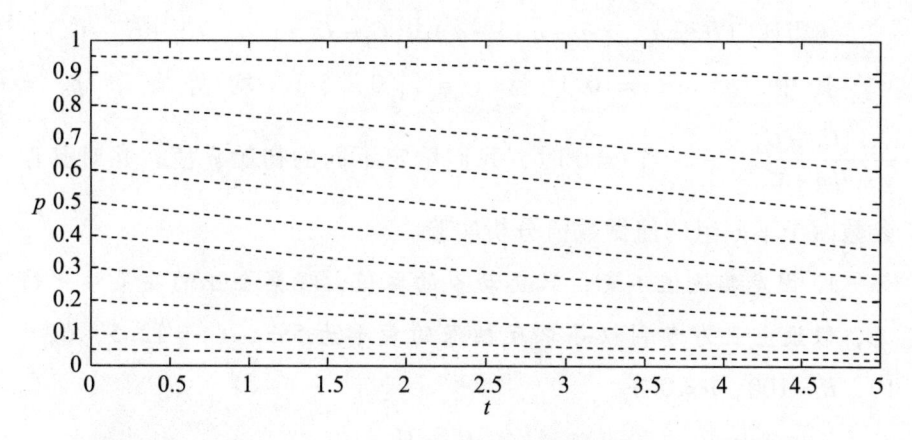

图 3-11 $C_t = 30$，$\theta = 0.08$ 时，银行贷款概率 p 的演化趋势

考察企业违约概率的变化对银行决策的影响（固定其他值不变），结果发现：（1）当 $q > q_0$ 时，银行的决策长期演化的趋势是为企业"贷款"，此时当 θ 值减小时，银行的贷款概率 p 向 1 演化的速率逐渐加快，表示当企业违约率逐步降低时，银行选择为企业贷款的概率会加快收敛；而当 $q < q_0$ 时，银行的演化稳定决策正好相反，这与前述模型的结论一致。（2）银行是否决定为企业贷款的决策概率对专利权的贬值率是敏感的，当专利权贬值率在 30% 以内时，银行对企业违约的风险阈值显著提高，当企业违约率达到 12% 的上限水平时，银行对企业的演化稳定决策依然是"贷款"，尽管速率显著放缓；而当专利权贬值率达到 70% 时，银行对企业违约的风险阈值显著降低，尽管企业的违约率达到 8% 的下限水平时，银行对企业的演化稳定决策依然是"不贷款"，所以专利权质押融资开展的关键还是加强对专利权价值的评估并完善交易市场。

（二）对企业决策的数值分析

由企业决策复制动态方程

$$F(q) = \frac{dq}{dt} = \frac{q_{t+1} - q_t}{\Delta t} = q_t(1 - q_t)[C_2 - C_1 + p(\gamma - H\eta + C_1 - C_2)]$$

可得递归方程 $q_{t+1} = q_t + q_t(1-q_t)\Delta t[C_2 - C_1 + p(\gamma - H\eta + C_1 - C_2)]$

其中，令 $\Delta t = 0.1$ 且 $t \in [0, 5]$，均衡概率 $p_0 = \dfrac{C_1 - C_2}{\gamma - H\eta + C_1 - C_2}$。当 $t = 0$ 时，我们给定不同的初始 p 值，并对其他参数赋予不同组的值做数值分析实验。

1. 固定其他值不变，只变动 γ 的取值，观察企业的决策演化情况，假设企业为专利权寻求反担保的费率为 5%，$C_1 = 12.5$，$C_2 = 10$，$H = 100$，$p = 0.4$。

（1）$\gamma = 7.5$，此时 $p_0 = \dfrac{C_1 - C_2}{\gamma - H\eta + C_1 - C_2} = 0.5$，$p = 0.4 < p_0$（见图 3 - 12）。

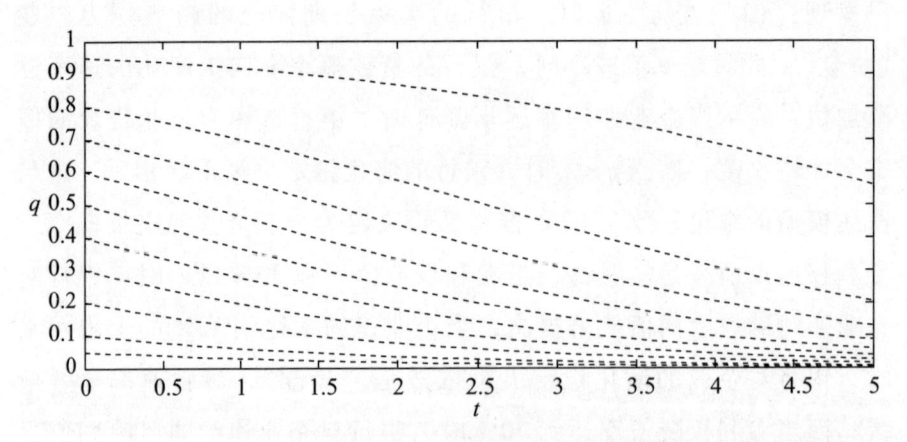

图 3 - 12　$\gamma = 7.5$ 时，企业为专利权寻求反担保的概率 q 演化趋势

从图 3 - 12 中可以看出，企业为专利权寻求反担保的概率 q 趋于向 0 演化，但速率较为缓慢。

（2）$\gamma = 10$，此时 $p_0 = \dfrac{C_1 - C_2}{\gamma - H\eta + C_1 - C_2} = 0.333$，$p = 0.4 > p_0$（见图 3 - 13）。

从图 3 - 13 中可以看出，企业为专利权寻求反担保的概率 q 趋于向 1 演化，但速率较为缓慢。

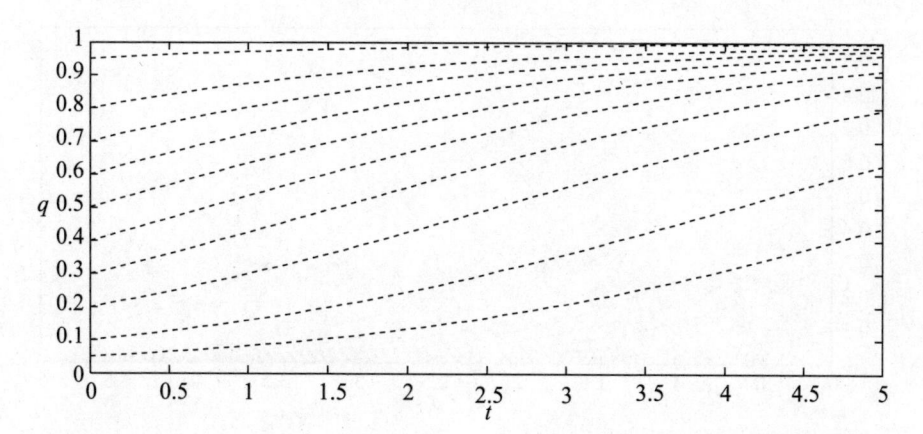

图 3-13 $\gamma = 10$ 时，企业为专利权寻求反担保的概率 q 演化趋势

(3) $\gamma = 12.5, p_0 = \dfrac{C_1 - C_2}{\gamma - H\eta + C_1 - C_2} = 0.25, p = 0.4 > p_0$（见图 3-14）。

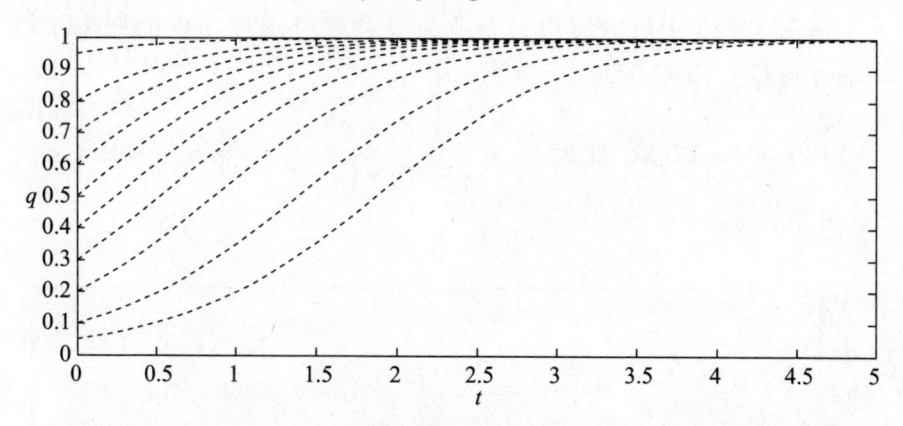

图 3-14 $\gamma = 12.5$ 时，企业为专利权寻求反担保的概率 q 演化趋势

从图 3-14 中可以看出，企业为专利权寻求反担保的概率 q 趋于向 1 演化，且速率较 $\gamma = 10$ 时明显加快。

2. 固定其他值不变，只变动 C_1 的取值，观察企业决策的演化过程。

假设企业为专利权寻求反担保的费率为 5%，$\gamma = 10$，$C_2 = 10$，$H = 100$，$p = 0.4$（见图 3-15）。

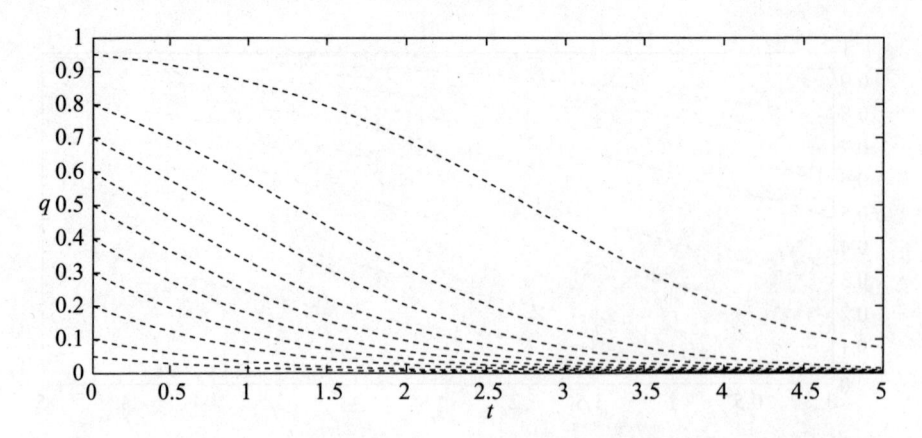

图 3-15　$C_1 = 15$ 时，企业为专利权寻求反担保的概率 q 演化趋势

（1）$C_1 = 15$，此时 $p_0 = \dfrac{C_1 - C_2}{\gamma - H\eta + C_1 - C_2} = 0.5, p = 0.4 < p_0$

从图 3-15 中可以看出，企业为专利权寻求反担保的概率 q 趋于向 0 演化。

（4）$C_1 = 17.5$，此时 $p_0 = \dfrac{C_1 - C_2}{\gamma - H\eta + C_1 - C_2} = 0.6, p = 0.4 < p_0$（见图 3-16）。

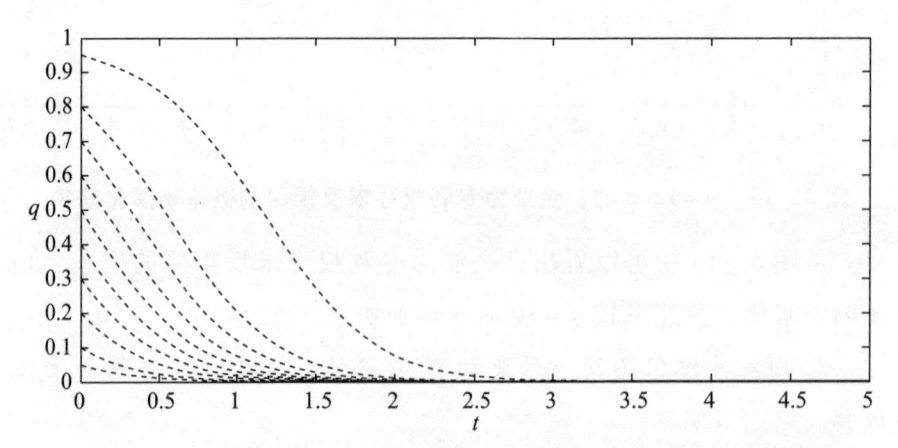

图 3-16　$C_1 = 17.5$ 时，企业为专利权寻求反担保的概率 q 演化趋势

从图 3-16 中可以看出，企业为专利权寻求反担保的概率 q 趋

于向 0 演化，且速率较 $C_1 = 15$ 时显著提高。

（5）$C_1 = 20$，此时 $p_0 = \dfrac{C_1 - C_2}{\gamma - H\eta + C_1 - C_2} = 0.6667, p = 0.4 < p_0$（见图 3-17）。

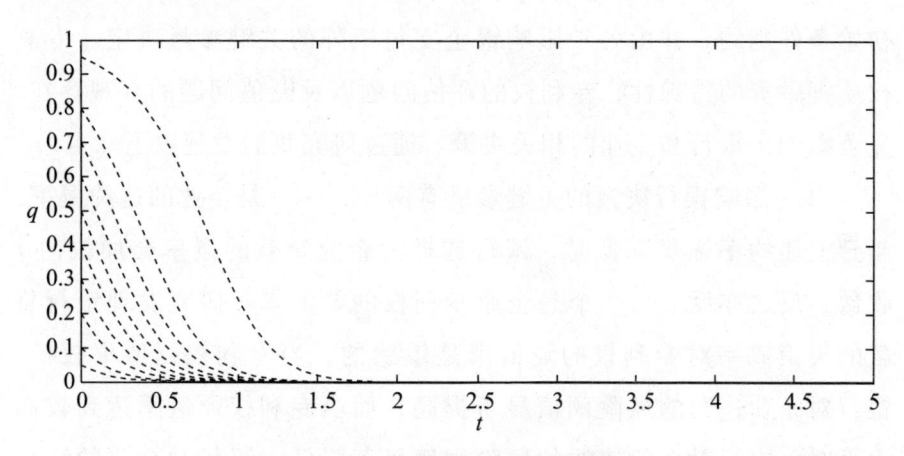

图 3-17　$C_1 = 20$ 时，企业为专利权寻求反担保的概率 q 演化趋势

从图 3-17 中可以看出，企业为专利权寻求反担保的概率 q 趋于向 0 演化，且速率较 $C_1 = 17.5$ 时进一步提高。

综上，给定银行以相同的概率 $p = 0.4$ 对企业贷款，将其他变量固定，分别单独考察 γ 和 C_1 的不同取值对企业决策的影响，结果发现：（1）随着 γ 值变大，企业为专利权寻求反担保的概率 q 趋于 1，且当 γ 值显著增大时，企业决策概率 q 会加快向 1 收敛，这表明企业的"无担保成本"显著提高时，企业群体会更快向专利权反担保的稳定决策演化；（2）随着 C_1 值变大，企业为专利权寻求反担保的概率 q 趋于 0，且当 C_1 值显著增大时，企业决策概率 q 向 0 演化的速度会显著提高，这表明当企业为专利权寻求反担保的努力成本显著增大时，企业为专利权寻求反担保的积极性将降低，从而使企业群体为专利权寻求反担保的概率 q 减小。

五 结论分析与对策建议

在"自然"条件下,银行和企业之间的博弈演化趋势受系统的初始条件制约,并由各种影响银企支付矩阵的关键参量决定。专利权质押融资的特殊性,专利权的评估问题以及贬值问题的客观存在,显著影响了银行和企业的相关决策。通过研究我们发现以下几点。

(1) 影响银行决策的关键参量有两个,一个是企业的违约概率。当企业违约率逐步降低时,银行选择为企业贷款的概率会加快向1收敛,反之亦反。另一个是企业专利权的贬值率。研究发现银行贷款的决策概率对专利权的贬值率是敏感的,当专利权贬值率较低,银行对企业违约的风险阈值显著提高,而当专利权贬值率达到较高水平时,银行对企业违约的风险阈值显著降低,银行对企业的演化稳定决策趋于0,所以专利权质押融资开展的关键还是要加强对专利权价值的评估并完善交易市场。

(2) 影响企业决策的关键参量也有两个,一个是企业利用专利权质押的无担保损失。之前提到,银行为了规避专利权作为质押物的不确定风险,鼓励和引导企业为其专利权质押寻求反担保以降低银行的风险预期。研究表明对于专利权质押融资,当企业的"无担保成本"显著提高时,企业群体会向专利权反担保的稳定决策加速演化。另一个是企业寻求无担保的努力成本。研究表明当企业为专利权寻求反担保的努力成本显著增大时,企业为专利权寻求反担保的积极性将降低。

(3) 当博弈考虑政策扶持机制时,信贷市场的演化趋势将会被调整,无论系统初始的位置如何,当环境给予银行每笔专利权质押融资的贴息或政策奖励额度足够大时,银行对企业的贷款决策将会得到收益递增正向强化,从而努力为企业提供专利权质押融资的信贷服务。当环境给予企业每笔专利权质押融资以及担保费用补贴足够高时，企业将会努力为专利权寻求反担保，以降低银行的信贷风险，由此专利权质押融资市场将向银企之间合作共赢的方向演化。

根据以上结论，我们给出以下对策建议。

（1）在专利权质押融资市场发育的初期，要充分进行政策引导，考虑银行的信贷约束和风险偏好，推动银行对企业进行专利权质押贷款，加大对银行的政策扶持，加强对银行针对专利权质押贷款的财政贴息和奖励额度，降低银行的贷款风险。

（2）加强对专利权质押贷款的审批和监督。可以考虑银行之间专利权质押贷款履约信息共享，同时进一步加强社会征信体系建设，加大企业的违约成本。

（3）政策扶持专利权质押融资担保机构的建立和整合。政府通过科技金融优惠政策吸引保险公司和各类中介评级机构的加入，同时通过提供担保费补贴的方式降低专利权质押中企业所承担的担保成本。

（4）加强对专利权质押融资的资产评估和法律评估机构的扶持和监督。专利权属于无形资产，评估难度大、评估值的公允性差等现实环境的制约，降低了企业将专利权作为质押物融资的难度。而现阶段，由于相关业务的总量还很不大，银行的现实需求和中介评估结构的能力约束，使其需要政策性的重点支持，譬如相关研究课题的开展以及政策性奖励基金的扶持都可以加快解决专利权作为质押物的评估难题，从而在一定程度上降低银行的事前风险。

（5）加强对专利权质押融资的贷后管理并建立专利权作为质押物的风险处理机制。研究发现银行的信贷决策对质押物的贷款终期价值是敏感的，而专利权的易贬值性和难处理性一直是业界公认的问题，所以必须通过政策机制来协助和鼓励相关机制的建立。首先是加强专利权的贷后管理，专利权首先是一个法律权利，很多因素都可以导致专利权权利的灭失，失去法律保护的专利权会变成公知技术，其权利价值将丧失，专利权质押合同将成为一纸空文，另外专利竞争和技术进步也会显著降低专利权的技术价值，所以协助银行建立专利权贷后管理的监督体系非常重要；其次，专利权交易市场的发展很滞后，虽然各个省市很早都建立了技术交易中心，但是随着科技日新月异的发展，传统的技术交易中心已经远远不能满足日益庞大的专利交易需求，由于专利技术信息的专业性和分散性，政府需要尽早完善专利信息的检索并建立专利交易机制，这也是专利权从"知本"到"资本"转化的关键一步。

本章小结

静态博弈、动态博弈一般假设博弈双方为完全理性群体，而现实中，信息体系的不健全、信息的不完全以及商业银行和中小企业的有限理性，而且整个融资过程受外部环境改变和内部因素调整的交互影响，使博弈参与方需要根据对方反应不断学习和改进自身的行为，随时间的变化而不断演化，这就将传统博弈论和动态演化结合起来，以有限理性的参与方为研究对象，以系统论的观点研究整体行为及策略的分布规律。本章基于传统银行信贷中专利权质押融资业务建立了相应的演化博弈模型，该模型的建立分为两步，第一步在相关假设的基础上，建立"自然"条件下企业和银行关于专利权质押的演化博弈模型，通过对模型的分析和计算，找到了银行和企业群体的演化稳定策略以及模型的演化博弈系统的平衡点。分析发现专利权作为质押物的特殊性使得银行和企业之间的博弈演化趋势会显著依赖系统初始状态和相关参量的取值，为此进一步建立了考虑政策扶持的演化博弈模型，通过加入贷款贴息以及担保补贴参量，银企之间关于专利权质押融资的"合作"演化趋势得到增强。

由于模型参量比较多，本章进一步通过博弈模型的数值实验分析系统关键参量对银行和企业决策的影响，研究发现，企业的违约概率、专利权的贬值率、企业的无担保损失以及企业寻求专利权反担保的努力成本是影响系统参与者决策的关键参量。此外，还分析了上述参量影响系统参与者决策的演化趋势。

第四章　基于银行质押融资的专利权价值分析

专利作为无形资产中非常重要的知识产权，其评估理论一直备受诟病，原因主要在于专利价值的评估主要考察评估基准日时点的货币价值，而对货币价值背后的风险因素（特别是法律风险和技术风险）披露不够，譬如专利的法律属性，一般评估流程只对专利进行产权界定，而对专利权利的稳定性、权利可规避性等关注不够，评估报告中没有相应的列示，造成专利评估的货币价值置信度不够。同时，专利评估只对专利在评估时点的静态价值进行计算，而对专利的可替代性缺乏分析。在专利权质押融资中，专利权的质量问题是银行和企业、中介机构乃至政府相关部门都关注的核心问题，质量高的专利权本身价值高、流动性好、便于对外授权许可和处置转让，使得质权人在发生坏账风险时能有效避免信贷损失。专利的价值分析由于对专利的可替代性以及专利竞争情况作深入的分析，因此可以预测专利价值的未来走向，有效防范银行的专利信贷风险。

一　专利价值分析相关理论概述

专利权评估的核心问题在于对所质押的专利权的质量的科学考量，质量高的专利权本身价值高，流动性好，便于授权许可和处置转移，使得质权人在发生坏账风险时能有效避免信贷损失，而质量低的则不然，由于专利权信息的专业性和不对称性，银行需要选择

第四章 基于银行质押融资的专利权价值分析

中介机构对专利价值进行评定,避免接受低质量专利所进行的质押。由于影响专利权价值的因素很多,专利价值评估往往只对专利的经济因素进行考量,所以造成评估结果的风险披露信息不足。专利权质押融资中,银行方面的障碍主要来自对融资潜在风险的识别和控制,特别是质押率的科学设定,所以银行一般需要对专利权作为质物进行严格的风险评估,按风险级别和专利权价值来设定差别质押率。专利权价值分析的目的一方面在于对专利的质量进行筛选和体检,另一方面在于将专利价值评价和专利评估结合,这为银行科学评定专利的价值和设定相应的质押率提供参考。余丹、范晓宇(2010)认为专利权估值问题很大程度上决定了风险预测的问题,决定着银行是否放贷及放贷规模。市场需求的变化对专利技术价值的影响是非常显著的,在专利权经过评估确定后,专利权的价值就会与质权人紧密相连,如果专利权价值减少,那么质权人的利益随之受损。专利权的价值要受到法律、技术、经济多种因素影响,多种因素混合在一起,导致资产评估带有一定的风险性,如果不能作出相对准确的判断,那么质权人的利益就会受到损害。2006年美国证券市场出现了Ocean Tomo 300指数,由Ocean Tomo公司与美国证券交易所联合发布,该指数对三百家公司拥有的专利进行分析,给出这些公司专利的投资价值,有利于证券投资者对专利证券价值进行评估和投资。与之类似,本章的工作是将专利权质押的资本需求方和资本提供方联系在一起,通过评分(0~10分)的方式对专利的质押价值质量进行衡量,为银行提供融资参考。《国家知识产权战略纲要》提出要"引导企业采取知识产权转让、许可、质押等方式实现知识产权的市场价值",这对构建适合于质押融资情景的专利价值分析体系具有理论和实践上的双重意义。综合来看,由于专利价值的分析风险是银行最关注的,所以专利权质押融资中的价值分析有以下几点意义。

1. 完善无形资产评估理论的不足

专利作为无形资产中非常重要的知识产权，其评估理论一直备受诟病，原因主要在于专利价值的评估主要考察评估基准日时点的货币价值，而对货币价值背后的风险因素（特别是法律风险和技术风险）披露不够，譬如专利的法律属性，一般评估流程只对专利进行产权界定，而对专利权利的稳定性、权利可规避性等关注不够，评估报告中没有相应的列示，造成专利评估的货币价值置信度不够。

2. 防范银行的信贷风险

专利评估只对专利在评估时点的静态价值进行计算，而对专利的可替代性缺乏分析，一旦运用专利权质押的借方不能按期还款时，由于技术的动态更新，对专利的处置会非常困难，而专利的价值分析由于对专利的可替代性以及专利竞争情况作深入的分析，因此可以预测专利价值的未来走向，有效防范银行的专利信贷风险。

3. 通过增信的方式，提高银行对于专利的质押率

根据《厦门市专利权质押贷款工作指导意见》，"专利权质押贷款额度应根据出质专利权的评估价值和专利权质押率合理确定。专利权质押率由银行依据出质专利权质量、借款人的财务和资信状况等因素确定"。由于借款人的财务和资信调查属于银行的信用调查范畴，如果银行通过资信调查，决定为企业以专利权为代表的知识产权提供质押贷款，说明银行对企业的第一还款来源还是有充分信心的，所以接下来决定专利权质押率的关键因素就是专利权的质量。现阶段，各银行对于专利权质押的质押率普遍不超过30%，由于相当多运用专利权质押的公司还处于发展期，而专利的评估值与企业的经营规模和市场占有率有显著的相关性，所以专利的评估值普遍不高，加之现阶段进行专利权质押融资需要各种评估和担保费用，企业运用专利进行质押的间接费率普遍很高，这就影响到中小企业运用专利进行质押的诉求。银行对于专利价值的质押率不到30%主

要是因为对无形资产的风险预期比较高，这和现阶段对无形资产的评估理论不成熟有很大关系，而专利价值分析可以有效弥补专利评估的缺点和漏洞，对专利信息披露，专利的法律、技术、市场维度的深度研究可以有效提高专利评估值的可信度，间接提高银行对专利的质押率。

4. 为质押融资违约提供处置预案

专利权质押融资与传统土地、厂房等有形资产的显著区别就是专利权作为质物的处置存在风险。专利权的专有性、地域性、时间性、依赖性、不确定性造成了专利权的低流动性，传统的专利评估只是对专利权基于评估基准日的货币价值进行静态分析，而对于未来专利权的价值波动风险缺乏深入分析，专利价值分析通过对专利数据库信息进行挖掘，充分揭示专利权在法律、技术和经济三个维度的风险信息，银行基于此可以与质押企业进行进一步沟通，从而形成银行对专利权违约处置的预案。

二 基于质押融资情景专利价值分析体系

近年来，国内外很多学者通过维度分析构建了专利的评价指标体系，Chiu（2007）构建了专利价值评价的四个维度，分别是技术（完善性、应用范围、相容性和复杂性）、成本（研发成本、转移成本和参考成本）、产品市场（产品生命周期阶段、潜在的市场占有率、市场规模和用途/优势）和技术市场（供应商的数量、需求数量和商业化水平）；汪雪锋等（2008）认为专利的主要评价指标为技术生命周期、引证指标、科学关联性、专利实施率和专利族大小；李春燕等（2008）将29个专利质量指标分为引用指标、科学指标、内容指标等六类指标，探索了专利质量指标体系；万小丽、朱雪忠（2008）以及梅良勇、谢梦（2010）构建了专利价值的评估指标体系，并运用模糊综合评价法分析了专利的现实货币价值量；李振亚等（2010）提出影响专利价值的主要因素为技术质量、市场价值、技术可替代性以及专利保护强度四要素；张彦巧、张文德（2010）构建了企业专利价值量化的金字塔；许珂、陈向东（2010）以专利技术宽度为核心对生物医药行业的专利进行了排序；温明等（2012）构建了专利价值的指标并细分为专利技术的领先程度、专利技术的产业化能力、专利保护的充分性、专利权的防卫性以及专利的稳定性等；郑素丽、宋明顺（2012）基于文献综述的整合性框架分析了专利价值的影响因素。在相关研究基础上，2011年国家知识产权局委托中国技术交易所开展"专利价值分析体系及操作手册研究"课题，2012年8月3日，中国技术交易所（以下简称"中技所"）编制完成《专利价值分析指标体系操作手册》[1]，其从专利自身属性的角度，分为法律、技术和经济三个指标；从专利功能的角度，将第一层的三项指标分解为18项支撑指标，该体系由于其系统性、科学性和实用性被业界认为是世界首个"专利价值分析指标体系"[2]。

纵观以上研究成果，其有一个共同特点，就是对专利价值的分析并无实际情景的依托，对专利价值分析的情景界定不够。专利价值的分析关键在于促进专利价值的实现，而不同的实现情景对于专利价值是有显著影响的，譬如利用同样的专利对外进行投资和进行质押融资的价值判定就会有明显差别，商业银行一般将风险控制与管理作为立行之本，其对风险总是设法规避的，与其他非银行金融机构控制能力和风险识别能力不同、风险偏好与收益不同。"接收方"对于专利本身的风险偏好的不同会直接影响对专利价值的"关注点"。而通过文献检索发现，目前基于不同情景下的专利价值的分

---

[1] 徐向阳、滕波：《专利价值分析体系的全方位解析》，http://www.cbex.com.cn/article/xxpd/mtbd/201209/20120900041150.shtml。
[2] 王飞：《我国编制完成世界首个专利价值分析指标体系》，《科技日报》2012年8月7日。

析研究还不多见，本书以2012年中技所发布的《专利价值分析指标体系操作手册》为基础，在质押融资的情景下，尝试建立专利价值分析的指标体系。在构建指标体系之前，首先对专利权价值分析报告的利益相关方进行分析。

1. 从银行角度

根据《浙江省专利权质押贷款管理办法》中关于质押贷款的专利权必须符合条件的规定，"授予专利权的专利项目处于实质性的实施阶段，并形成产业化经营规模，具有一定的市场潜力和良好的经济效益"；平安银行深圳分行要求"申请人必须是质押专利权的实施企业，专利实施1年以上"；北京银行济南分行要求"专利已进行2年（含）以上的实质性实施、使用，并形成产业化经营规模"。从以上银行对质押融资的专利要求可以发现，银行对于专利的要求需要满足以下三点：

(1) 专利获得授权，受到法律保护；

(2) 专利是成熟的，已经得到实施；

(3) 专利具有市场潜力并已获得良好的经济效益。

总的来说，银行对于专利的既有价值的衡量要得到市场的初步检验，所以未经市场应用的专利很难获得银行信贷的认可。

2. 从评估机构角度

(1) 专利价值分析的必要性

专利评估主要依据《会计准则》和《无形资产评估准则》，其目的是确定基于评估基准日以货币计量的专利市场价值，其计算方法有成本法、市场法和收益法，目前使用最多的是收益法。通过估算被评估资产的未来预期收益并折算成现值，其评估值与被评估资产未来净收益、受益年限和折现率三个指标相关，而这三个指标中，由于折现率反映了被评估资产的预期收益率，而预期收益率又与投资风险成正比，所以折现率间接体现了被评估资产的收益风险，由于专利的未来收益的不确定性和多维性,对专利项目的折现率选取至今都是学术界的难题,所以其评估值受到广泛的质疑,这也就回答了为什么现阶段银行对于专利权质押融资的"若即若离"。专利价值分析由于关注的是专利的价值而非专利的价格,对专利的法律、技术和市场维度的分解和评分,弥补了专利评估中单一折现率的缺陷,在专利评估之前对专利价值三个维度的"专利体检",增强了专利评估的精确度和置信度,这是对专利评估的有益补充和完善,客观上推动了专利权质押融资的开展。

(2) 专利价值分析的成本控制性

由于知识产权质押融资的服务成本限制,以不挫伤企业利用知识产权质押的积极性为原则,资产评估机构作为银行进行知识产权质押的价值评判第三方,需要在专利评估中引入专利价值分析,其可以分两种情况处理:当被评估专利货币值较大,比如超过1000万元时单独出具专利价值分析报告(该报告为专利价值分析师出具,且给出专利价值分析的最终计算分值和综合检索报告),当被评估专利货币价值不超过1000万元时,可以建议将专利价值分析报告合并专利评估报告出具,以专利评估报告为主,专利价值分析为辅,专利价值分析报告主要对专利评估中的重要风险因素予以披露。

(一) 指标体系分析及修正

指标体系制定依据中技所关于专利价值指标体系构建的以下几项原则:全面性、系统性、时效性、独立性、层次性、定性定量结合、模块化以及可拓展性原则。

1. 依据指标设定的独立性原则,需要修正的指标

(1) "稳定性"指标,中技所在《专利价值分析指标体系操作手册》(以下简称《操作手册》)中对该指标解释为"稳定性指标是指一项被授权的专利在行使权利的过程中被无效的可能性"。根据

《操作手册》,"可能性"的解释包含"经过复审、无效程序或者涉及诉讼仍然保持有效状态、权利要求是否在其他国家也获得授权、权利要求的特征上下位性以及权利范围的宽窄等",可见该指标的评判标准与其后的"可规避性""多国申请""可替代性"等指标在内涵和评定上有交叉,建议缩小该指标的内涵为"本专利或同族专利有无经过复审、专利异议无效程序或涉及专利诉讼依然保持有效性的历史"。

(2)"依赖性"指标,《操作手册》对该指标解释为"指一项专利的实施是否依赖于现有授权专利的许可,以及本专利是否作为后续申请专利的基础"。而其后的"配套技术依存度"指标的解释为"指一项专利技术是否可以独立应用到产品,还是经过组合才能用,即,是否依赖于其他技术才可实施"。可见在概念的解释上两指标存在交叉,建议该指标修正为"技术独立性指标",并依据技术独立性的高低,划分为首创性发明、改进型发明、组合型发明、应用性发明和选择性发明等5类。[①]

(3)"专利许可状态"指标,《操作手册》对该指标解释为"专利许可状况是指本专利权人是否将本专利许可他人使用或者经历侵权诉讼"。该解释与"稳定性"指标中关于"经历诉讼"的内涵交叉。建议缩小该指标的内涵为"专利许可状况是指本专利权人是否将本专利许可他人使用的历史"。

2. 依据质押融资实践情景,需要修正的指标

(1)"先进性"指标,《操作手册》对该指标的解释为"如果是

---

① 首创性发明是指专利的发明属全新的技术解决方案,属于开拓性专利发明,可以不依赖先前技术而独立实施;改进型发明是指在现有技术的基础上,改善了技术性能并使之具有新的功效的改进技术方案,前提是该发明具备独特性质;组合型发明是指把已知的某些技术特征进行新的组合,以达到新的目的的一种技术解决方案;应用性发明是指将某一技术领域里的公知技术,应用于一个新的领域而产生的发明;选择性发明是指从许多公开的技术方案中选出某一技术方案的发明。与首创性发明相比,改进型发明、组合型发明、应用性发明以及选择性发明对先前技术依赖性较强。

授权发明专利则先进性的基本分为6分，未授权的发明专利和实用新型的先进性基本分为4分"。根据实践能够进行知识产权质押融资的专利必须是授权专利，同时该指标的判定缺少定量的标准。建议该指标修改为"技术的创新性"指标，并根据定性与定量结合的原则，使用"TCT/CI/SL"[①] 来综合刻画技术的创新性。

（2）"适用范围"指标，《操作手册》对该指标的解释为"一项专利技术可以应用的范围是否广泛"，该项指标的内涵与其后的"市场应用"以及"市场规模前景"指标相交叉，同时该指标的判定缺少定量的标准。建议将该指标删除。

（3）"市场应用"指标，《操作手册》对该指标解释为"市场应用情况是指一项专利技术目前是否已经在市场上投入使用，如果还没有投入市场，则将来在市场上应用的前景"。对于专利已经应用的情况，《操作手册》给予满分10分评定。该指标在内涵上与"市场规模前景"和"市场占有率"指标有交叉，并且根据《浙江省专利权质押贷款管理办法》规定，"授予专利权的专利项目处于实质性的实施阶段，并形成产业化经营规模，具有一定的市场潜力和良好的经济效益"；北京银行济南分行要求"专利已进行2年（含）以上的实质性实施、使用，并形成产业化经营规模"。所以专利要进行质押融资，其价值需要得到市场的初步检验。建议将该指标删除。

（4）"成熟度"指标，《操作手册》对该指标的解释划分为专利处于"报告级、方案级、功能级、仿真级、初样级、正样级、环境级、产品级、系统级、产业级"，针对专利权质押融资的环境要求，建议该指标仅分为"产品级、系统级、产业级"。

---

① TCT：技术生命周期指标（Technology Cycle Time）（也即专利技术的新颖性指标，测算的是企业的专利文件扉页上所引证的专利技术年龄的平均数，该值越低，表征研发的技术越新）；CI：引证指标（Cited Index）［包括被引次数（forward citation）和引用次数（backward citation）］；SL：科学关联性指标（Science Linkage）。

第四章 基于银行质押融资的专利权价值分析

综上，对于中技所《操作手册》中的18个二级指标，删除"市场应用""适用范围"和"配套技术依存度"指标，修正"稳定性""依赖性""专利许可状态""先进性""成熟度"指标，同时增加"技术寿命周期""专利的产业特征""专利的盈利权重"①"市场准入"指标。

综合以上分析，新的指标体系（19个二级指标）以及定义如下（见表4-1）：

表4-1 专利价值（质押融资）指标

目标层	一级指标	二级指标	定义
专利价值（质押融资）A	法律价值 B_1	法律地位的稳固性 C_{11}	本专利或同族专利有无经过复审、专利异议（opposition）无效程序或涉及专利诉讼（litigation）依然保持有效性的历史
		技术的独立性 C_{12}	专利属于首创性发明、改进型发明、组合型发明、应用性发明和选择性发明5类的区分
		权利保护范围 C_{13}	技术宽度（patent scope/breadth）专利权利要求中独立权利要求所包含的必要技术特征的数量和质量
		专利侵权可判定性 C_{14}	主张权利的难易程度，即是否易于认定他人产品对本专利的侵权
		专利族规模 C_{15}	专利在多少个国家进行了申请
		剩余有效期 C_{16}	专利剩余的法定有效期
		专利许可状态 C_{17}	专利许可状况是指本专利权人是否将本专利许可他人使用的历史

---

① 由于专利价值的内在差异很大，只有少数专利的研发可以带来大量的经济回报，其他大部分的专利市场价值甚微，专利价值分布遵循2/8法则。山东省中小办联手北京银行济南分行在全省开展中小企业产权质押融资试点，对于质押专利权要求"必须是借款企业经营的核心专利"。北京资和信担保有限公司就在《知识产权质押担保业务介绍》中提到"所质押专利是申请企业经营的核心专利或核心技术或核心无形资产，且正处于实质性的实施阶段"。平安银行深圳分行要求"专利产品产值率不低于30%"，因此考察专利在企业内部的盈利权重符合质押融资的需要。

续表

目标层	一级指标	二级指标	定义
	技术价值 B_2	技术的创新性 C_{21}	科技创新（TCT/CI/SL）
		行业发展趋势 C_{22}	专利申请或授权数量在时间轴上的分布情况
		技术寿命周期 C_{23}	专利技术在本领域中的应用生命周期
		技术产业特征 C_{24}	信息和电子行业、生物医药行业、交通运输行业为重点行业
		技术的可替代性 C_{25}	在当前时间点，是否存在替代技术方案
		成熟度 C_{26}	技术所处的发展阶段：产品级、系统级、产业级
	经济价值 B_3	专利的盈利权重 C_{31}	专利产品的产值率不低于30%
		市场规模前景 C_{32}	专利应用产品预期的市场规模
		市场占有率 C_{33}	专利应用产品的市场占有率
		竞争情况 C_{34}	竞争对手的数量和规模
		政策适应性 C_{35}	国家与地方政策对专利应用的相关规定
		市场准入 C_{36}	是否有行业准入限制；是否已经获得了资质/认证

（二）基于FAHP的专利权质押价值指标体系权重确定

专利权价值还具有模糊性特点，专利客体的非物质性使得专利权边界具有模糊性，专利的权利边界是由权利要求书所确定的范围而决定的，虽然专利法中的"周边限定"解释方法可以部分消除这种模糊性，但是解释方法的主观性造成专利权人在行使权利、救济权利时的制度成本无法避免。对于专利权价值指标的系统分析，本研究拟采用模糊层次分析法，该方法过去20年来一直广泛应用于工程、商业管理和经济研究中，特别是无法精确研究的时候。

1. 模糊互补判断矩阵一致性检验及对应权重排序向量确定

层次分析法（AHP）存在的问题主要有：检验判断矩阵是否具有一致性非常困难，$C.R. \leq 0.1$ 缺乏科学依据以及判断矩阵的一致性与人类决策思维的一致性有显著差异。模糊层次分析法可以有效克服以上三点问题，使用 FAHP 决策和评价的步骤与层次分析法类似，但又有不同，具体步骤及其实现过程，详述如下。

根据 0.1～0.9 数量标度，元素 C_{jl} ($l = 1, 2, 3, \cdots, k$) 相对于上一层元素 B_j ($j = 1, 2, 3$) 进行两两比较，可得到如下模糊互补判断矩阵：

$$R = \begin{bmatrix} r_{11} & r_{12} & \cdots & r_{1n} \\ r_{21} & r_{22} & \cdots & r_{2n} \\ \cdots & \cdots & \cdots & \cdots \\ r_{n1} & r_{n2} & \cdots & r_{nn} \end{bmatrix}$$

若 R 满足以下条件：

ⅰ　$r_{ii} = 0.5$；

ⅱ　$r_{ij} = 1 - r_{ji}$；

ⅲ　$r_{ij} = r_{ik} - r_{jk} + 0.5$。

则 R 是模糊一致判断矩阵，可用特征向量法求取各元素的排序权重向量，如 AHP 法中所述，从而得到 C_{jl} ($l = 1, 2, 3, \cdots, k$) 相对于元素 B_j ($j = 1, 2, 3$) 的重要程度。

在实际决策分析中，由于所研究问题的复杂性和人们认识上可能产生的片面性，使构造出的判断矩阵往往不具有一致性，这时可根据最小方差法（Least variance priority method, LVM）（徐泽水，2001）来求相应各因素排序权重向量。

2. 利用 FAHP 法计算专利价值指标权重的具体步骤

Step1　设选取 k 位决策专家，记为 $D = \{d_1, d_2, \cdots, d_k\}$，并赋

予相应的权重，记为 $\lambda = \{\lambda_1, \lambda_2, \cdots, \lambda_k\}$；

Step2 求取 B 层次各元素的权重排序向量。设 k 位决策专家分别给出 B 层次判断矩阵为 B_i，$i = 1, 2, \cdots, k$，若 B_i 为模糊互补一致矩阵，则利用特征向量法求解 B_i 的权重排序向量 w_{B_i}；若 B_i 为模糊互补不一致矩阵，则利用最小方差法求解权重排序向量 w_{B_i}；记利用 k 位决策专家所给判断矩阵求得的各权重排序向量为 $w_{B_1}, w_{B_2}, \cdots, w_{B_k}$ 即 $w_B = \text{WAA}_\lambda (w_{B_1}, w_{B_2}, \cdots, w_{B_k})$；

Step3 求取 C 层次各元素的单排序权重向量。设 k 位决策专家以 B 层次元素 B_j（$j = 1, 2, 3$）为准则，给出 C 层次各元素判断矩阵，记为 C_{jl}，其中 j 表示准则的序号，l 表示决策专家的序号，即 $j = 1, 2, 3$；$l = 1, 2, \cdots, k$，同样按 Step2 中所列举的三种情况求解 C_{jl} 的权重排序向量 $w_{C_{jl}}$；

Step4 按 AHP 权重合成方法，合成权重向量，进而可以得到权重排序向量。

3. 指标权重计算

经过访谈调研，整理后获取了 B 层次元素的 4 个判断矩阵，分别记为 B_1, B_2, B_3, B_4，4 种类型即为 4 位知识产权价值评估专家，分别记为 d_1, d_2, d_3, d_4，并给每位专家赋予相同的权重，记为 $\lambda = (\lambda_1, \lambda_2, \lambda_3, \lambda_4) = (0.25, 0.25, 0.25, 0.25)$，根据质押融资的情景分别要求各专家按 0.1 ~ 0.9 标度对 B 层次元素进行两两判断，整理得隶属度矩阵如下：

$$B_1 = \begin{bmatrix} 0.5 & 0.7 & 0.6 \\ 0.3 & 0.5 & 0.4 \\ 0.4 & 0.6 & 0.5 \end{bmatrix} \quad B_2 = \begin{bmatrix} 0.5 & 0.6 & 0.6 \\ 0.4 & 0.5 & 0.5 \\ 0.4 & 0.5 & 0.5 \end{bmatrix}$$

$$B_3 = \begin{bmatrix} 0.5 & 0.6 & 0.4 \\ 0.4 & 0.5 & 0.3 \\ 0.6 & 0.7 & 0.5 \end{bmatrix} \quad B_4 = \begin{bmatrix} 0.5 & 0.7 & 0.5 \\ 0.3 & 0.5 & 0.3 \\ 0.5 & 0.7 & 0.5 \end{bmatrix}$$

第四章 基于银行质押融资的专利权价值分析

根据以上定义，利用模糊互补判断矩阵一致性判定条件对和进行一致性判定，可知 B_1，B_2，B_3，B_4 为非一致性模糊判断矩阵，根据最小方差法计算其各自的权重排序向量：

$$w_{B_1}^T = \begin{bmatrix} 0.4333 \\ 0.2333 \\ 0.3333 \end{bmatrix} \quad w_{B_2}^T = \begin{bmatrix} 0.4000 \\ 0.3000 \\ 0.3000 \end{bmatrix} \quad w_{B_3}^T = \begin{bmatrix} 0.3333 \\ 0.2333 \\ 0.4333 \end{bmatrix} \quad w_{B_4}^T = \begin{bmatrix} 0.4000 \\ 0.2000 \\ 0.4000 \end{bmatrix}$$

利用 WAA 算子对 w_{B_1}、w_{B_2}、w_{B_3} 和 w_{B_4} 进行集结，得 B 层次元素群体权重排序向量 w_B，即：

$$w_B = \text{WAA}_\lambda (w_{B_1}, w_{B_2}, \cdots, w_{B_k}) = \begin{pmatrix} w_{B_1} & w_{B_2} & w_{B_3} & w_{B_4} \end{pmatrix}$$

又因为 $\sum_{k=1}^{4} \lambda_k = 0.25 + 0.25 + 0.25 + 0.25 = 1$

所以 B 层次元素群体权重排序向量：

$$w_B = [0.3917 \quad 0.2416 \quad 0.3667]$$

从 B 层次元素群体权重的排序来看，由于 $B_1 > B_3 > B_2$，所以基于质押融资情景的专家对法律、技术以及经济维度从高向低排序为法律、经济和技术。马维野认为专利的质量首先在于其权利的稳定性，因为丧失了法律权属的专利等同于"公知技术"，不再具有价值。该点与 B 层次元素群体权重的排序是吻合的。

如上，C_1 层次元素群体权重排序向量计算如下。

$$C_{11} = \begin{bmatrix} 0.5 & 0.7 & 0.7 & 0.5 & 0.6 & 0.8 & 0.6 \\ 0.3 & 0.5 & 0.5 & 0.5 & 0.4 & 0.6 & 0.4 \\ 0.3 & 0.5 & 0.5 & 0.4 & 0.6 & 0.7 & 0.4 \\ 0.5 & 0.5 & 0.6 & 0.5 & 0.6 & 0.6 & 0.5 \\ 0.4 & 0.6 & 0.4 & 0.4 & 0.5 & 0.5 & 0.5 \\ 0.2 & 0.4 & 0.3 & 0.4 & 0.5 & 0.5 & 0.5 \\ 0.4 & 0.6 & 0.6 & 0.5 & 0.5 & 0.5 & 0.5 \end{bmatrix}$$

$$C_{12} = \begin{bmatrix} 0.5 & 0.6 & 0.6 & 0.6 & 0.7 & 0.7 & 0.7 \\ 0.4 & 0.5 & 0.5 & 0.5 & 0.6 & 0.6 & 0.6 \\ 0.4 & 0.5 & 0.5 & 0.5 & 0.6 & 0.6 & 0.6 \\ 0.4 & 0.5 & 0.5 & 0.5 & 0.6 & 0.6 & 0.6 \\ 0.3 & 0.6 & 0.4 & 0.6 & 0.5 & 0.5 & 0.5 \\ 0.3 & 0.4 & 0.4 & 0.4 & 0.5 & 0.5 & 0.5 \\ 0.3 & 0.4 & 0.4 & 0.4 & 0.5 & 0.5 & 0.5 \end{bmatrix}$$

$$C_{13} = \begin{bmatrix} 0.5 & 0.7 & 0.8 & 0.6 & 0.8 & 0.8 & 0.7 \\ 0.3 & 0.5 & 0.6 & 0.4 & 0.7 & 0.7 & 0.5 \\ 0.2 & 0.4 & 0.5 & 0.3 & 0.5 & 0.5 & 0.6 \\ 0.4 & 0.6 & 0.7 & 0.5 & 0.7 & 0.7 & 0.6 \\ 0.2 & 0.3 & 0.5 & 0.3 & 0.5 & 0.5 & 0.4 \\ 0.2 & 0.3 & 0.5 & 0.3 & 0.5 & 0.5 & 0.4 \\ 0.3 & 0.5 & 0.4 & 0.4 & 0.6 & 0.6 & 0.5 \end{bmatrix}$$

$$C_{14} = \begin{bmatrix} 0.5 & 0.6 & 0.4 & 0.6 & 0.7 & 0.7 & 0.6 \\ 0.4 & 0.5 & 0.3 & 0.5 & 0.6 & 0.7 & 0.5 \\ 0.6 & 0.7 & 0.5 & 0.7 & 0.8 & 0.6 & 0.6 \\ 0.4 & 0.5 & 0.3 & 0.5 & 0.6 & 0.7 & 0.5 \\ 0.3 & 0.4 & 0.2 & 0.4 & 0.5 & 0.6 & 0.7 \\ 0.3 & 0.3 & 0.4 & 0.3 & 0.4 & 0.5 & 0.4 \\ 0.4 & 0.5 & 0.4 & 0.5 & 0.3 & 0.6 & 0.5 \end{bmatrix}$$

$$w_{c_{11}}^T = \begin{bmatrix} 0.2714 \\ 0.1571 \\ 0.1571 \\ 0.1571 \\ 0.1571 \\ 0.0286 \\ 0.0714 \end{bmatrix} \quad w_{c_{12}}^T = \begin{bmatrix} 0.2714 \\ 0.1714 \\ 0.1714 \\ 0.1714 \\ 0.1286 \\ 0.0714 \\ 0.0714 \end{bmatrix} \quad w_{c_{13}}^T = \begin{bmatrix} 0.3429 \\ 0.1714 \\ 0.0714 \\ 0.2429 \\ 0.0286 \\ 0.0286 \\ 0.1143 \end{bmatrix} \quad w_{c_{14}}^T = \begin{bmatrix} 0.2285 \\ 0.1429 \\ 0.2857 \\ 0.1429 \\ 0.0857 \\ 0.0143 \\ 0.1000 \end{bmatrix}$$

利用 WAA 算子对 $w_{c_{11}}^T$、$w_{c_{12}}^T$、$w_{c_{13}}^T$ 和 $w_{c_{14}}^T$ 进行集结，所以 C_1 层次元素群体权重排序向量：

$$w_{c_1} = [\,0.2783 \quad 0.1607 \quad 0.1714 \quad 0.1786 \quad 0.1000 \quad 0.0357 \quad 0.0893\,]$$

限于篇幅，同样方法计算可得，

C_2 层次的元素群体权重排序向量：

$$w_{c_2} = [\,0.2167 \quad 0.0333 \quad 0.1167 \quad 0.1000 \quad 0.2167 \quad 0.3166\,]$$

C_3 层次的元素群体权重排序向量：

$$w_{c_3} = [\,0.2463 \quad 0.1537 \quad 0.1457 \quad 0.2543 \quad 0.1314 \quad 0.0686\,]$$

三 案例分析

以 ZL200710020438.6 专利为例，结合该专利基本信息进行分析（见表 4-2）。

ZL200710020438.6
专利价值分析报告

表 4-2 ZL200710020438.6 专利基本信息

专利名称	用地沟油及废弃动植物油制备环氧增塑剂的方法	权属状态	有权
专利类型	发明专利	申请国	中国
申请号	2007 10020438.6	申请日	2007-02-27
公开号	101029177	公开日	2007-09-05
授权号	100580025	授权日	2010-01-13
专利权人	江苏卡特新能源有限公司		
发明人	张伟明		
主分类号	C08L91/00	剩余保护年限	15 年
代理机构	常州市维益专利事务所	代理人	贾海芬

续表

摘要
本发明涉及一种用地沟油及废弃动植物油制备环氧增塑剂的方法，按重量百分比将97%~99.8%的废油和0.2%~3%的多孔载体的固体酸加入反应釜内，温度在>95℃~130℃，通入气相甲醇搅拌1~4小时，反应结束后分离出固体酸；将酯化反应后70%~80%的液体、15%~25%的甲醇以及1%~5%的固体碱催化剂放入反应釜内，温度在50℃~65℃，常压下搅拌0.5~2小时；分离制得脂肪酸甲酯；将25%~35%的双氧水、2.5%~10%的甲酸及0~1%的三聚磷酸纳加入55%~70%的脂肪酸甲酯内，温度控制在60℃±5℃，搅拌8~10小时，反应完成后分出酸水，经中和、洗涤，常温下脱水得到制品，具有能耗低、工艺简单、成本低的特点。
权利要求
1. 一种用地沟油及废弃动植物油制备环氧增塑剂的方法，其特征在于： A. 按重量百分比将97%~99.8%地沟油及废弃动植物油的混合物和0.2%~3%的多孔载体的固体酸催化剂加入反应釜内，反应温度控制在>95℃~130℃，常压下通入气相甲醇，搅拌1~4小时进行酯化反应，反应结束后，分离出固体酸催化剂； B. 按重量百分比将酯化反应后70%~80%的液体、15%~25%的甲醇以及1%~5%的固体碱催化剂放入反应釜内，反应温度控制在50℃~65℃，常压下搅拌0.5~2小时进行酯交换反应； C. 酯交换反应完成后，将液体静置或进行离心分离，上层为脂肪酸甲酯，下层为甘油、固体碱催化剂以及剩余的甲醇，放出下层，分离固体碱催化剂并蒸馏回收甲醇； D. 按重量百分比将25%~35%的双氧水、2.5%~10%的甲酸以及0~1%的三聚磷酸纳加入55%~70%的脂肪酸甲酯内，反应温度控制在60℃±5℃，常压下搅拌8~10小时进行环氧化反应，环氧化反应完成后，静置分层或离心分出酸水，加入碱进行中和，经洗涤后常温下脱水得到制品。 2. 根据权利要求1所述的用地沟油及废弃动植物油制备环氧增塑剂的方法，其特征在于：所述的气相甲醇从反应釜的底部或下部连续进入与油脂进行酯化反应。 3. 根据权利要求1所述的用地沟油及废弃动植物油制备环氧增塑剂的方法，其特征在于：对制得的生物柴油在常压下加热至90℃~98℃，加入重量百分比1%~4%的脱色剂，时间控制在0.5~1小时，进行脱色反应。 4. 根据权利要求1所述的用地沟油及废弃动植物油制备环氧增塑剂的方法，其特征在于：所述的固体酸催化剂为CaO、SiO$_2$、TiO$_2$、TiO$_2$-SiO$_2$、硅藻土、高岭土或稀土之一。 5. 根据权利要求1所述的用地沟油及废弃动植物油制备环氧增塑剂的方法，其特征在于：所述酯化反应的温度控制在100℃~110℃，其酯化反应的时间在2~3小时。 6. 根据权利要求1所述的用地沟油及废弃动植物油制备环氧增塑剂的方法，其特征在于：所述固体碱催化剂为CaO、MgO、ZnO、SrO、CaO-MgO或CaO-ZnO之一。 7. 根据权利要求1所述的用地沟油及废弃动植物油制备环氧增塑剂的方法，其特征在于：所述的酯交换反应的反应温度控制在55℃~60℃，酯交换反应的反应时间在1~1.5小时。 8. 根据权利要求1所述用地沟油及废弃动植物油制备环氧增塑剂的方法，其特征在于：将30%~33%的双氧水、4%~8%的甲酸以及0.5%~0.8%的三聚磷酸纳加入60%~65%的脂肪酸甲酯内。

下面对各项指标展开详细分析。

1. 法律价值指标

（1）法律地位的稳固性

专利类型以及本专利或同族专利有无经过复审、专利异议（opposition）无效程序或涉及专利诉讼（litigation）依然保持有效性的历史。

该专利为发明专利，该专利及同族专利经过实质审查等程序，并保持权利有效，法律状态比较稳定；未审查到复审、无效或诉讼的信息。

所以本专利的法律地位的稳固性得分为6分。

（2）技术的独立性

技术的独立性指发明专利所属类别为首创性发明、改进型发明、组合型发明、应用性发明和选择性发明5小类中的划分。

该专利为改进型发明，"用地沟油及废弃动植物油制备环氧增塑剂的方法"是在无溶剂法制备环氧增塑剂的技术发明基础上，探索性使用地沟油和废弃物动植物油脂代替大豆油生产脂肪酸甲酯以及环氧增塑剂。改进型发明是指在现有技术的基础上，改善了技术性能并使之具有新的功效的改进技术方案，前提是该发明具备独特性质。

所以该专利的技术的独立性得分为8分。

（3）权利保护范围

该发明方法的权利要求限定较具体，如"按重量百分比将97%～99.8%地沟油及废弃动植物油的混合物和0.2%～3%的多孔载体的固体酸催化剂加入反应釜内"，以及"反应温度控制在>95℃～130℃，常压下通入气相甲醇，搅拌1～4小时进行酯化反应"。

由于技术特征中数字范围比较具体，所以独立性权利要求的质量较低，容易导致他人联想到其他类似的在该权利要求保护范围之外的技术特征来实现本专利的目的。

所以该专利的权利保护范围得分为 4 分。

（4）专利侵权可判定性

该发明涉及一种用地沟油及废弃动植物油制备环氧增塑剂的方法。权利要求中的技术特征为"所述的气相甲醇从反应釜的底部或下部连续进入与油脂进行酯化反应；对制得的生物柴油在常压下加热至 90℃~98℃，加入重量百分比 1%~4% 的脱色剂，时间控制在 0.5~1 小时，进行脱色反应；所述酯化反应的温度控制在 100℃~110℃，其酯化反应的时间在 2~3 小时；所述固体碱催化剂为 CaO、MgO、ZnO、SrO、CaO-MgO 或 CaO-ZnO 之一；所述的酯交换反应的反应温度控制在 55℃~60℃，酯交换反应的反应时间在 1~1.5 小时；所述将 30%~33% 的双氧水、4%~8% 的甲酸以及 0.5%~0.8% 的三聚磷酸纳加入 60%~65% 的脂肪酸甲酯内"。

在发现疑似侵权方法的时候，该领域技术人员难以判断使用该方法或者生产的坏氧增塑剂的成分与本发明相同而落入权利保护范围，从而判断是否对本发明构成侵权，侵权取证上存在一定难度。

所以该专利的专利侵权可判定性得分为 6 分。

（5）专利族规模

该专利仅在中国大陆申请了专利权保护。

该专利的专利侵权可判定性得分为 4 分。

（6）剩余有效期

该专利申请日为 2007 年 2 月 27 日，授权日为 2010 年 1 月 13 日，根据我国《专利法》第 42 条规定，发明专利保护期为 20 年，自申请日起算，故本专利还有 15 年保护期。

所以该专利的专利剩余有效期得分为 8 分。

第四章 基于银行质押融资的专利权价值分析

（7）专利许可状态

截至该专利报告基准日，该专利发明尚未许可他人使用。

所以该专利的专利许可状态得分为4分。

2. 技术价值指标

（1）技术的创新性

通过专利信息检索（主要竞争者区域申请对比分析/主要竞争者技术差异分析），江苏卡特新能源有限公司在主要竞争者申请中排名第三，但前两名的发明人来自高校，属于科研职务发明，来自企业的发明人中江苏卡特新能源有限公司排名第一，并且其发明专利的IPC分类与其他竞争者在技术差异方面有一定的区分。

经过同类专利对比，该专利的技术创新点如下。

①该发明由于采用气相甲醇与油脂进行酯化反应，不仅能降低甲醇用量，能耗低，而且还方便控制和调节甲醇的用量，便于工业化生产；

②该发明酯交换反应采用固体碱性催化剂，具有较好的抗水和抗酸性能，能保证酯交换反应在非均相状态下进行，保证脂肪酸甲脂及甘油质量；

③该发明在环氧化反应中增加了三聚磷酸纳，提高体系中甲酸在反应条件下的稳定性，缩短了反应时间，降低生产成本，提高体系的环氧值；

④酯交换反应和环氧化反应的后处理中无须进行真空蒸馏处理，能耗低，工艺简单，操作安全，收率高，能满足工业化规模生产。

所以该专利的技术的创新性得分为7分。

（2）行业发展趋势

自2005年开始，该专利的同族技术申报数开始显著增加，到2012年达到峰值。所以该专利的行业发展趋势得分为8分（见图4-1）。

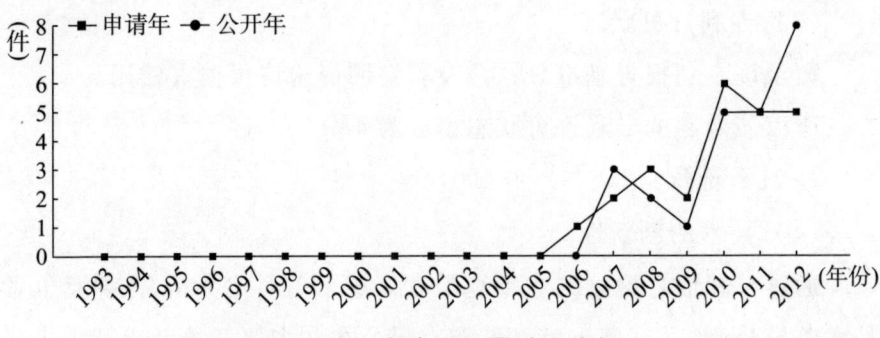

图 4-1 申请公开量对比分析

(3) 技术寿命周期

该技术所在的技术领域为化工合成技术领域，该行业处于成长期，技术发展较为稳定。

所以该专利的技术寿命周期得分为 9 分。

(4) 技术产业特征

该技术所处领域属于化工化学行业，该行业专利的申请、保护和更新是企业发展的关键因素。

所以该专利的技术产业特征得分为 9 分。

(5) 技术的可替代性

经过技术参数的对比，可以发现该专利产品的环氧值与普通生物增塑剂相比有显著提高，闪点数高而酸值低，色泽、密度、加热减量等指标均达到国家优质水平。该专利技术的市场占有率为国内第一，该专利权人是《环氧脂肪酸甲酯（生物增塑剂）行业标准》的主要起草单位之一。

所以该专利技术的可替代性得分为 6 分（见表 4-3）。

表 4-3 专利技术参数对比

参数	ZL200710020438.6 增塑剂指标	其他普通生物增塑剂指标（平均指标）
环氧值,%	≥3.8~4.5	3.0~3.5

续表

参数	ZL200710020438.6 增塑剂指标	其他普通生物增塑剂指标（平均指标）
色泽，(Pt−Co) 号	≤120	150~180
密度，(ρ20℃) g/cm^3	0.90~0.93	0.90±0.05
酸值，mgKOH/g	≤0.8	1.5±0.05
加热减量，%	≤0.3	1.5±0.5
闪点（开口杯法），℃	≥185±5	175±5

（6）成熟度

经调查发现，该专利技术产品通过了中国石油和化学工业协会的论证鉴定，并获行业科技进步二等奖。江苏卡特新能源有限公司成立于1996年，是国内最早从事且规模最大的集生产、研发和销售为一体的以废弃动植物油脂制备生物环保增塑剂的国家高新技术企业。经过综合考察，该专利的技术成熟度为产业级。

所以该专利的成熟度得分为9分。

3. 经济价值指标

（1）专利的盈利权重

经过现场调查分析，委托价值分析的专利已经实现销售。而且委托进行价值分析的"用地沟油及废弃动植物油制备环氧增塑剂的方法"发明专利（ZL200710020438.6）为卡特新能源有限公司的主要产品的核心专利技术，其他专利技术发挥辅助作用。核心专利技术对企业总产值的贡献份额约为70%。

所以专利的盈利权重得分为8分。

（2）市场规模前景

增塑剂是世界产量和消费量最大的塑料助剂之一，约占化工助剂市场的58%。据估计，中国的增塑剂需求正在以每年7%的速度增长，相比之下，亚太地区其他国家的增长速度为5%，而全球增速仅为3%。中国已成为亚洲地区增塑剂生产量和消费最多的国家。随着世界各国环保意识的提高，医药及食品包装、日用品、玩具等塑料制品对主增塑剂 DOP 等提出了更高的纯度及卫生要求，但目前国内企业生产的主增塑剂在许多性能上特别是卫生、低毒性等都难以满足环保的要求。欧盟和俄罗斯先后在从中国进口的塑料玩具中发现原产于中国的一些塑料玩具中含有有毒的聚氯乙烯增塑 N – 邻苯二甲酸二异壬酯（DINP）和邻苯二甲酸二乙基己酯（DEHP，或叫 DOP）（胡志鹏，2007）。

生物增塑剂是化学增塑剂最合适的替代品，此类生物增塑剂价格合适，并且生物增塑剂与 PVC 树脂有良好的相容性，可明显改善制品的光、热稳定性。使用此类增塑剂的 PVC 塑料制品，其材料成本有所降低，各项物理性能也有不同程度的提高，如耐热老化性、耐折性等，且为无毒环保增塑剂，不会受到欧盟等国家出口的限制。据统计2009年我国 PVC 树脂的产量约为900万吨，在 PVC 树脂中添加30%的生物增塑剂，需要270万吨生物增塑剂，按照目前市场行情，中等品质的环氧增塑剂的价格为1万元/吨，估计国内年市场需求量折合人民币约超过100亿元。

所以该专利的市场规模前景得分为9分。

（3）市场占有率

环氧类增塑剂是分子结构中带有环氧基团的有机化合物，与传统的邻苯类增塑剂相比具有无毒、耐热和耐光稳定性能好等优点。所以本次评估的发明专利生产的直接产品——环氧增塑剂属于生物产品，不会受到欧盟的限制，而且该产品是利用废弃油脂生产的，来源广泛，价格低廉，节约了石油资源，真正做到了变废为宝，使得生产成本大大降低；同时，生产该产品的设备是以公司原有设备改装而来，节约了大量成本。

随着人们的环保意识的增强和国际贸易技术安全壁垒的高筑，市场对本产品的需求会越来越大，这也是绿色环保产品的必然选择。根据前期调查，国内每年废弃油脂有300万~400万吨。江苏卡特新能源有限公司与大型的废油加工企业签订了合作协议，且废油收购价格高于小贩的价格，这样有利于废弃油脂的统一回收，保证了原料供给。目前在生物增塑剂领域，公司市场占有率为国内第一，预计卡特新能源有限公司产品的市场占有率经过充分推广后约为市场总规模的15%~25%。

所以该专利的市场占有率得分为8分。

（4）竞争情况

经过检索发现，模糊命中"环氧增塑剂及其制备方法"的专利一共为23项，通过专利筛选，发现同族专利中研究方向和成果最为相似的专利为"利用废弃油脂生产环氧增塑剂的方法"（专利号：ZL200710022603.1），该专利权人为江阴市向阳科技有限公司，发明人为李祥庆。

对两个专利进行比较后发现，专利号为ZL200710022603.1的专利的主要特点为无须加入任何酸性催化剂和稳定剂即可完成反应，生产简单，成本较低，但缺点是酯化反应的转化率较低，反应不够充分，稳定性有待提高。综上，ZL200710020438.6与ZL200710022603.1专利相比，其竞争优势如下：

①酯化反应温度大于95℃，为高温反应，因此当甲醇是以气相介质进入反应釜内时，由于与油脂反应的气相甲醇浓度能保持不变，酯化反应充分，酯化反应的转化率可达97%以上，同时也有效地降低了油脂内的酸值；

②本发明采用多孔载体的固体酸作为酯化反应的催化剂，催化剂活性大，反应过程中副产物少，油脂内的杂质对催化剂的毒副作用小，能多次重复作用，使用成本低；

③本发明在环氧化反应中增加了三聚磷酸纳，提高体系中甲酸在反应条件下的稳定性，缩短了反应时间，降低生产成本，提高体系的环氧值；

④因酯交换反应和环氧化反应后处理中无须进行真空蒸馏处理，能耗低，工艺简单，操作安全，收率高，能满足工业化规模生产。

所以该专利的竞争情况得分为6分。

（5）政策适应性

随着世界各国环保意识的提高，医药及食品包装、日用品、玩具等塑料制品对主增塑剂DOP等提出了更高的纯度及卫生要求，欧盟的一些国家已经严格限制含这类化合物产品的进口，在上述背景下必须加快缩小此类企业的生产规模。同时，世界石油资源越来越紧张，而邻苯类增塑剂的原料是由石油产品加工而成的，因此为了节约能源，必须加快减小邻苯类增塑剂的生产规模，节约石油资源。目前，对废弃油脂利用是国家支持的重点，相应出台了固废的回收政策等法规。

委托进行价值分析的专利属于国家产业政策"鼓励类"，既能"变废为宝"，又能切实解决国家日益严重的能源危机，属于典型的循环经济，绿色、环保、无二次污染，符合国家政策支持的范畴。

所以该专利的政策适应性得分为9分。

（6）市场准入

没有行业准入限制，具有一般性资质/认证。

所以该专利的市场准入得分为6分。

综上，各项指标分析结果分别如表4-4、表4-5、表4-6所示。

表4－4　法律价值维度指标分值

<table>
<tr><td colspan="7" align="center">法律价值</td></tr>
<tr><td rowspan="2">支撑指标</td><td rowspan="2">最终分值</td><td colspan="5" align="center">分值含义</td></tr>
<tr><td>10分</td><td>8分</td><td>6分</td><td>4分</td><td>2分</td></tr>
<tr><td>法律地位的稳固性</td><td>6分</td><td colspan="2">非常稳定（8~10分）</td><td>稳定</td><td colspan="2">不太稳定（2~4分）</td></tr>
<tr><td>技术的独立性</td><td>8分</td><td>首创性发明</td><td>改进型发明</td><td>组合型发明</td><td>应用性发明</td><td>选择性发明</td></tr>
<tr><td>权利保护范围</td><td>4分</td><td colspan="2">较宽（8~10分）</td><td>一般</td><td colspan="2">较窄（2~4分）</td></tr>
<tr><td>专利侵权可判定性</td><td>6分</td><td>非常易于判定</td><td>比较易于判定</td><td>难以确定</td><td>比较难于判定</td><td>非常难于判定</td></tr>
<tr><td>专利族规模</td><td>4分</td><td>四国以上国家专利</td><td>一至三国国家专利</td><td></td><td>仅本国专利</td><td></td></tr>
<tr><td>剩余有效期</td><td>8分</td><td>16年以上</td><td>12~15年</td><td>8~11年</td><td>4~7年</td><td>3年以内</td></tr>
<tr><td>专利许可状况</td><td>4分</td><td colspan="2">有许可</td><td></td><td colspan="2">无许可</td></tr>
</table>

根据 C_1 层次因素权重向量，法律价值的加权平均分为：5.76分。

表4－5　技术价值维度指标分值

<table>
<tr><td colspan="7" align="center">技术价值</td></tr>
<tr><td rowspan="2">支撑指标</td><td rowspan="2">最终分值</td><td colspan="5" align="center">分值含义</td></tr>
<tr><td>10分</td><td>8分</td><td>6分</td><td>4分</td><td>2分</td></tr>
<tr><td>技术的创新性</td><td>7分</td><td colspan="2">创新性较强</td><td>一般</td><td colspan="2">创新性不足</td></tr>
<tr><td>行业发展趋势</td><td>8分</td><td colspan="2">朝阳</td><td>成熟</td><td colspan="2">夕阳</td></tr>
<tr><td>技术寿命周期</td><td>9分</td><td>10年以上</td><td>7~10年</td><td>5~7年</td><td>2~5年</td><td>2年以内</td></tr>
</table>

续表

技术价值

支撑指标	最终分值	分值含义				
		10分	8分	6分	4分	2分
技术产业特征	9分	化学、生物、制药、信息电子、交通运输			其他行业	
技术的可替代性	6分	不存在替代技术		存在替代技术,但本技术占优势		存在替代技术,且比本技术有优势
成熟度	9分	产业级		系统级		产品级

根据 C_2 层次元素群体权重排序向量,技术价值的加权平均分为:7.89分。

表 4-6 经济价值维度指标分值

经济价值

支撑指标	最终分值	分值含义				
		10分	8分	6分	4分	2分
专利的盈利权重	8分	已应用产值率高于60%	已应用产值率介于40%~60%	已应用产值率介于20%~40%	已应用产值率低于20%	未应用,易于应用
市场规模前景	9分	很大(100亿元以上)	较大(10亿~100亿元)	中等(1亿~10亿元)	较小(1千万~1亿元)	很小(1千万元以下)
市场占有率	8分	很大	较大	一般	较小	很小
竞争情况	6分	几乎没有	竞争对手较弱	竞争对手一般	竞争对手较强	竞争对手很强
政策适应性	9分	政策鼓励		无明确要求		与政策导向不一致
市场准入	6分	具有关键性资质/认证		具有一般性资质/认证		无资质/认证

根据 C_3 层次元素群体权重排序向量，经济价值的加权平均分为：7.67 分。

专利价值分析结论如下。

根据 B 层次元素群体权重排序向量，将该专利的法律价值、技术价值以及经济价值经过加权计算，基于质押融资情景 ZL200710020438.6 专利技术的价值分析值为 7.14。综合来看，该专利价值法律维度得分最低，技术维度得分最高，且整体得分较高，故提出以下几点建议：（1）该专利存在一定的法律风险，尤其侵权可判定性分值较低，所以对该项专利的质押周期需要做严格限定；（2）该专利技术价值较高，市场占有率较高，总体风险较低，银行可以适当提高对于该专利的质押率；（3）该专利属于企业的核心专利，但是其实施需要相关的实用新型专利的辅助，建议在融资过程中将相关专利包整体质押以减少银行的处置风险。

四 专利价值分析和资产评估报告的比较分析

专利价值分析有别于专利评估，专利评估属于专利市场定价，是专业资产评估机构对专利权进行市场调查，出具具有法律效力的评估报告，为金融机构开展专利权质押融资业务提供贷款参考依据的经济行为。而专利价值分析主要目的在于对专利内在质量进行分析并给予评分，韩国（KIPO）2011 年所开发的系统检测与评级技术，可以对技术进行定级，设有 9 个级别，AAA 为最高级别，C 是最低级别；相类似，美国 Ocean Tomo 公司旗下子公司 Patent Ratings 所开发的专利评价系统，用于客观评价专利质量、相关估价、专利竞争趋势、专利组合、公司和技术行业，目前已经获得市场广泛认可，同时 Patent Ratings 公司还提出了专利 IPQ 的数值指标（董涛，2008）。2012 年，我国知识产权局委托中技所开发成功的《操作手册》也为专利价值判断提供了科学合理的评价方法。笔者通过与资产评估机构、知识产权局相关专家沟通后提出，专利价值分析报告可以作为其进行市场评估定价的先导程序，实现与专利评估的有机结合，下面首先对专利价值分析报告和传统的专利资产评估报告进行比较分析。

1. 相同点：从报告结构方面来看，专利价值分析报告和专利资产评估都可以分为检索—分析—评价三个步骤。具体来说，专利价值分析报告是对影响专利价值的三个维度信息进行细分，通过专家二级指标进行逐项打分，再汇总得到专利价值的评分，并对银行等金融机构是否接纳专利权质押给出参考建议；而专利资产评估报告则是通过对专利资产相关企业财务数据的搜集，进而构建相应的评估模型，对专利产品带给企业的超额收益贡献进行分析，最后给出专利资产市场价值的相应评估值。

2. 不同点：从报告内容方面来看，专利价值分析报告和专利资产评估报告有着本质的不同，专利价值分析报告的主旨是对专利本身的质量进行评定，目的是揭示专利的潜在价值和相应的实施风险，而不仅仅局限于专利的评估基准日所获得的经济收益，而专利评估报告的主旨是基于评估目的和评估时点的约束对专利的静态经济价值进行分析，所以两者关注的侧重点是不同的。

专利权质押的关键问题不仅仅是对专利评估基准日的价值分析，而且需要对专利的潜在违约风险和处置风险进行充分揭示，所以质押情景中需要将专利价值分析报告和专利评估报告结合，充分考虑实践过程中企业的融资成本和融资收益平衡问题，经过研究，我们给出如下建议。

（1）在专利评估分析报告中对专利评估报告未反映的专利法律、技术和经济维度的风险信息进行充分披露。

（2）专利价值分析报告可以作为专利权质押过程中的增信报告，

由于目前银行对专利权质押给予的质押率普遍较低，质量较高的专利可以考虑利用专利价值分析报告对专利权质押进行增信，提高银行对专利权的质押率。

（3）专利价值分析报告可以作为专利权质押过程中的违约处置预案。对专利数据库信息的挖掘，可以对专利权未来的风险进行预测分析，以弥补专利资产评估中的不足，为银行制定专利权质押潜在违约处置预案提供依据。

（4）考虑到企业的融资成本，在质押融资过程中，评估值数额较小的项目，可以将专利价值分析报告并入专利资产评估报告中，而评估数额较大的专利需要单独出具专利价值分析报告。

五　结论分析与管理启示

近年来，我国专利权质押融资工作取得一定的成效，但在专利价值评估、风险控制等方面仍存在难题，制约了知识产权质押融资工作的开展。[1] 专利价值分析是专利权质押融资中需要首先解决的难题，现有的专利分析文献对于专利价值转化的情景缺少界定，这就给专利转化过程中的价值分析实践带来了困境。本书受国家知识产权局专利运用课题研究项目等的委托，立足于理论研究和实践需要，以中技所2012年发布的《操作手册》为基础，建立基于质押融资情景的专利价值分析体系（经过删除、修正、增添后的二级指标共19项），并利用模糊层次分析法对于新的专利价值指标体系赋予了权重排序值。研究发现：基于质押融资情景的专家对法律、技术以及经济维度从高向低排序为法律、经济和技术，说明针对质押融资情景，

---

[1] 刘珊：《知识产权质押融资在探索中成长》，http://www.sipo.gov.cn/mtjj/2011/201109/t20110915_620308.html。

专利对于专利价值构成的三个维度的权重是有区分的，专利的法律价值维度权重最高，这点与马维野的研究结论相吻合。希望能够借此工作进一步促进专利权质押融资工作的开展，提高银行对相关融资方式的质押率。进一步而言，专利价值分析报告可以作为其进行市场评估定价的先导程序，实现专利权价值分析与专利评估业务有机结合。

本章小结

在传统的质押融资业务中，土地、厂房等有形资产的评估一般由银行自身来评定，对于专利权这种"无形资产"价值的衡量却是一般银行所"望而却步"的，所以在专利权质押融资方式实施过程中，资产评估机构合理地评估所质押知识产权的价值，为银行等金融机构确定贷款金额提供合理依据，降低贷款风险，是该项业务顺利开展的关键。现有的相关文献缺乏对专利价值分析情景的界定，在回顾了相关文献研究后，本章以2012年中技所发布的《操作手册》为基础，研究给出基于质押融资情景的专利价值分析指标体系，并运用模糊层次分析法对专利指标体系的权重进行计算分析。实证研究结果显示，在法律、技术和经济三个维度中，法律价值维度的权重最高，然后通过实践案例分析，说明该模型具有可操作性和实用性。本章最后，从报告结构和报告内容两方面对比专利权价值分析报告和专利评估报告，充分考虑实践过程中企业的融资成本和融资收益平衡问题，对专利权价值分析业务的开展以及与现有专利评估业务相结合提出了建设性意见。

第五章 基于银行信贷的专利权质押信贷合约设计

专利权质押融资本质上是一种创新性的质押融资模式,所以对其研究的范式可以而且应该建立在传统的银行质押信贷配给模型上,而这些模型的质押物假设基本建立在实物基础上。经典银行信贷风险的决策模型,对于抵押品的终期价值只是简单假设为初期质押价值的一定比率,但是专利权的价值,却由于评估方法选取、市场环境的变化、拍卖二级市场不完备等因素而"天然"存在不确定性,这就对银行的信贷决策产生了新的影响。本章拟基于专利价值的随机波动性、专利的可替代和时间贬损性,分析构建基于专利权质押融资的信贷配给模型,给出信贷终期专利的价值函数、银行的最优信贷利率和配给量,并进行数值分析和解释。

一 信息不对称与信贷合约设计概述

质押融资(Collateral-backed loans)指企业通过一定资产的抵押向中介融资机构(银行为主体)申请一定期限和利率的贷款,当借方逾期不能归还本金和利息时,贷方可以依照合约对抵押物进行拍卖或转让以获得贷款损失补偿。针对这种融资方式,中西方学者的研究成果主要集中于质押融资的机理分析和质押物的信号作用分析两部分。

质押融资产生机理分析主要研究质押物的价值与银行信贷决策

的关系，作为该领域的开创性研究，Stiglitz et al. (1981) 构建了质押融资中的信贷配给模型，指出在信息不对称情况下，提高融资质押物的价值或者贷款利率都会降低银行的收益。Bester (1985) 创造性地建立了质押融资的理论基础，他认为借贷方通过有选择性地给予借贷合约，可以对借贷者的风险类型进行判断，低风险的借贷者通常会选择有质押物同时低利率的融资方式，而高风险的借贷者通常会选择无质押同时高利率的融资。他在随后的研究中发现当融资者的质押物不足以对其信贷风险形成明确的揭示时，信贷配给就会产生。Niinimäki (2009) 建立了房产质押物价值波动时银行和存款保险代理机构之间产生的道德风险模型，研究发现由于质押物价值的上升，银行会倾向于融资有风险的项目，从而获得质押物的升值收益。国内最早开始对银行信贷风险决策机制进行研究的有王浣尘和庞素琳等。金武、王浣尘等（1996）研究发现当企业的财力有限不足以提供足够的抵押品价值时，信贷决策机制的最优性必须通过对低风险企业实行信贷配给来实现。庞素琳等（2001）基于信息不对称的信贷市场，研究了信贷资金的损失和机会损失两种损失常见的几种情形及其数学原理，建立了银行信贷风险的决策模型。

质押物的信号作用分析主要研究质押物的价值与借贷者的风险类型关系。Besanko 和 Thakor (1987) 调查了不足量的质押物的信贷合约，发现低风险的借贷者倾向于选择低利率和高质押贷款，而高风险借贷者选择高利率和低质押物的贷款。所以他们认为信贷配给也是甄别借款者信贷风险的重要工具。与此同时 Lehmann 和 Neuberger (2001)、Jimnez et al. (2006) 研究发现，质押物具有解决逆向选择的信号价值，通过调查，高风险的借贷者通常给予质押物的价值比较低，所以这给予银行分辨借贷者风险性的一个指标。但 Cressy 和 Toivanen (2001) 通过调查，发现企业风险和质押物的价值没有显著相关关系。Niinimäki（2011）提出了不能简单以质押物的事前价值来甄别质押方的风险类型，他认为要考虑多方面的因素，包括质押物价值的方差、项目成功概率的方差、质押物价值与项目成功概率的方差，以及质押融资的成本问题。

新的巴塞尔资本协议（Basel Ⅱ）扩大了银行融资质押、担保和信用衍生产品范围，引入以专利权为代表的知识产权和企业的无形资产作为银行的信贷担保物。专利权质押融资（Patent Backed Loans）模式有利于解决中小企业融资难问题，促进企业自主研发创新，与国家倡导建设创新型社会的战略导向一致，而且该融资方式很早在国外发达国家得到政府政策鼓励并取得显著成果。但在我国，专利权质押贷款业务还处于探索阶段，已有的尝试也还是零星的、中观甚至微观的、非系统性的，而利用专利进行质押的企业主要是创新型中小企业，贷款机构主要是商业银行。针对专利权质押融资的文献研究还未成体系，Bezant（1997）首次探讨了缺少有形资产抵押融资的技术型企业运用知识产权作为无形资产质押融资的可能性；Amable et al.(2010) 研究了如何将专利作为质押物影响公司的收益以及增大研发投资的创新收益。国内的研究者杨晨（2010）、刘沛佩（2011）、宋伟（2007）等人分别对知识产权质押融资的机理、风险因素以及发展模式进行了研究，但是研究主要集中于定性分析，缺少定量模型的研究，同时知识产权包含范围广泛，比如专利和商标的无形资产内在属性有很大不同，很难统一刻画知识产权的市场价值的概率分布模型。

二 基于专利权质押的信贷利率与配给量合约

专利权质押融资本质上是一种创新性的质押融资模式，所以对其研究的范式可以而且应该建立在传统的银行质押信贷决策模型上，本文拟基于专利价值的随机波动性、专利的可替代性和时间贬损性[①]，分析构建基于专利权质押融资的信贷配给模型，给出信贷终期专利的价值函数、银行的最优信贷利率和配给量，并进行数值分析和解释。

（一）基于可替代性和时间贬损性的专利终期价值模型

在传统实物资产作为质物的信贷配给模型的基础上（Besanko和Thakor，1987；金武，1996；庞素琳，2001），这些模型假设有一个共同特点，认为质押物在信贷终期的价值是其初期价值的线性比率k（k为定值），本模型不同之处在于刻画专利权技术的可替代性以及专利权价值的时间贬损性的特征，意在研究专利权作为质物时银行信贷合约的设计。考虑在t_0时期高科技企业利用某项专利δ向银行质押融资，申请融资额为B，该专利技术项目产生的期望收益为R，贷款周期长$T=1$，该专利本身的价值C随时间延续随机波动，假设只考虑专利市场需求变化时的价值为C_0，进一步考虑到专利技术的可替代性以及专利剩余有效期对其价值的影响，设贷款周期结束时该专利的价值为$V(C)$，$V(C) = \min(C_0, C)$；假设银行的贷款利率可以自由制定，银行的信贷决策机制为$\gamma = (r, q)$二元组，以单利计息，q（$0 \leq q \leq 1$）为银行对于该项专利权质押融资的贷款配给量（当$q=0$时，表示银行拒绝该企业贷款，$q=1$表示银行对企业的贷款申请没有配给），用ρ表示无风险投资收益率（通常指购买国债的收益率），p（$0 \leq p \leq 1$）表示企业该项专利技术项目成功的概率，Ψ表示银行的损失函数，其损失包含贷款资金损失和机会成本

[①] 专利权价值的评价维度一般包括法律、技术和经济等，而这些维度中的变量大多是时间的函数，其中以技术产品需求、技术的成熟和进步、专利权有效期等对专利的时间价值影响较大，从较长阶段来看，这些变量所导致的专利权价值量在不断衰减，这主要与专利的有效期以及技术进步的外部环境有关。

第五章 基于银行信贷的专利权质押信贷合约设计

损失。

若企业质押的专利其终期价值是足额的,并且技术项目达到了期望收益,即 $V(C) - (1+r)B \geq 0$ 且 $[R + V(C)] - (1+r)B \geq 0$,但由于银行没有给企业足额发放贷款,这造成银行资金的机会损失为:

$$\Psi = (1-q)[(1+r)B - (1+\rho)B] = (1-q)(r-\rho)B$$

若企业质押的专利其终期价值是不足额的,并且技术项目未达到期望收益而致使银行无法收回本息,即 $(1+r)B - V(C) \geq 0$ 且 $(1+r)B - [R + V(C)] \geq 0$,那么银行的资金损失为:

$$\Psi = q[(1+r)B - V(C)] = q[(1+r)B - \min(C_0, C)]$$

在不完全信息下,由于企业在申请材料中会故意隐瞒自己专利项目的私有信息,所以,银行的决策策略是诱导企业上报其专利项目的真实信息,此时,银行的信贷风险决策机制应满足激励相容性约束:

$$q\{p[R - (1+r)B] + (1-p)(-C_0)\} \geq A_0$$

其中 $A_0 = p[R - (1+r_0)B] + (1-p)(-C_0) \geq 0$,为企业向银行申请无配给的知识产权质押的信贷合同 $[\gamma = (r_0, 1)]$ 的预期收益。

另外,银行信贷风险的决策机制应满足其对企业的期望利润非负的约束:

$$q[p(1+r)B + (1-p)\min(C_0, C) - (1+\rho)B] \geq 0$$

根据以上分析,在信息不对称条件下,根据最小最大遗憾准则,银行为了减少信贷风险,其最优风险信贷合同为如下的非线性规划模型①:

$$\min \max \Psi = q[(1+r)B - \min(C_0, C)] + (1-q)(r-\rho)B \quad (5-1)$$

---

① 该模型可解释为质押专利价值的概率分布在最"糟糕"情形下时银行将其"损失"降到最低的决策机制。

$$s.t. \begin{cases} q[p(1+r)B + (1-p)\min(C_0,C) - (1+\rho)B] \geq 0 \\ q\{p[R-(1+r)B] + (1-p)(-C_0)\} \geq A_0 \\ 0 \leq q \leq 1 \end{cases} \quad (5-2)$$

其中，$A_0 = p[R-(1+r_0)B] + (1-p)(-C_0)$

定理 5.1 假设专利存在可替代性和时间贬损性时，质押融资周期结束时该专利的价值：

$$V(c) = C_0 - p_1\sqrt{C_0^2 - 2uC_0 + \sigma^2}$$

其中，

$$p_1 = \frac{\sigma^2 - u^2}{(C_0 - \sqrt{C_0^2 - 2uC_0 + \sigma^2})^2 - 2u(C_0 - \sqrt{C_0^2 - 2uC_0 + \sigma^2}) + \sigma^2}$$

（证明见本章附录）

（二）基于专利权质押的信贷风险决策机制及分析

根据 $V(c)$ 的解析式，带入（5-1）式，银行的信贷风险决策问题可以改写为：

$$\min_{(r,q)} \sigma = q[(1+r)B - (C_0 - p_1\sqrt{C_0 - 2uC_0 + \sigma^2})] + (1-q)(r-\rho)B$$

$$s.t. \begin{cases} q[p(1+r)B + (1-p)(C_0 - p_1\sqrt{C_0 - 2uC_0 + \sigma^2}) - (1+\rho)B] \geq 0 \\ q\{p[R-(1+r)B] + (1-p)(-C_0)\} \geq A_0 \\ 0 \leq q \leq 1 \end{cases}$$

此非线性规划模型满足的 Kuhn-Tucker 条件为：

$$\begin{cases} 1 - l_1qp + l_2qp = 0 \quad (5-20) \\ (1+\rho)B - (C_0 - p_1\sqrt{C_0 - 2uC_0 + \sigma^2}) - l_1[p(1+r)B + (1-p) \\ (C_0 - p_1\sqrt{C_0 - 2uC_0 + \sigma^2}) - (1+\rho)B] \\ \quad - l_2\{p[R-(1+r)B] + (1-p)(-C_0)\} = 0 \quad (5-21) \\ l_1q[p(1+r)B + (1-p)(C_0 - p_1\sqrt{C_0 - 2uC_0 + \sigma^2}) - (1+\rho)B] = 0 \quad (5-22) \\ l_2(q(p(R-(1+r)B) + (1-p)(-C_0)) - A_0) = 0 \quad (5-23) \end{cases}$$

l_1，l_2 (l_1, $l_2 \geq 0$) 为广义 Lagrange 乘子，若 $q=0$，则 (5-20) 式矛盾，所以 $q \neq 0$，为解方程 (5-20) - (5-23)，考虑如下几种情形。

(1) 令 $l_1 = l_2 = 0$，(5-20) 式不成立，方程组无解；

(2) 令 $l_1 \neq 0$，$l_2 = 0$，(5-21) 式不成立，方程组无解；

(3) 令 $l_1 = 0$，$l_2 \neq 0$，(5-20) 式不成立，方程组无解；

(4) 令 $l_1 \neq 0$，$l_2 \neq 0$，解方程组可得问题的最优解 (r^*, q^*)。

所以考虑最"糟糕"情形下的专利价值分布，银行针对专利权质押融资的最优贷款利率和配给量的信贷合约为：

$$\begin{cases} r^* = \dfrac{(1+\rho)B - (1-p)(C_0 - p_1\sqrt{C_0^2 - 2uC_0 + \sigma^2}) - pB}{pB} \\ q^* = \dfrac{A_0}{pR - (1+\rho)B - (1-p)p_1\sqrt{C_0^2 - 2uC_0 + \sigma^2}} \end{cases} \quad (5-24)$$

其中，$A_0 = p[R - (1+r_0)B] + (1-p)(-C_0)$（如前述）

根据 (5-24) 式可以发现，当专利终期价值 $V(c) = C_0 - p_1\sqrt{C_0^2 - 2uC_0 + \sigma^2}$ 增大时，银行的最优贷款利率降低，说明银行的贷款利率与专利的终期价值呈负相关关系。由于对 A_0 的假设中包含 C_0，所以从结论上看，银行对专利权质押融资的配给量与专利的终期价值不存在明确相关性，说明银行对于专利权质押贷款的配给量还需要考查专利价值以外的因素，这与 Amable (2010) 以及刘沛佩 (2011) 等学者的研究结论相一致。

(三) 数值算例

某科技企业利用某项发明专利向中国民生银行申请信贷，该银行结合客户需求对专利进行了综合风险分析，专利价值分析专家背靠背评审后，加权统计得到以下数据：质押融资期间该专利预期收

益 R 为 120 万元,只考虑专利市场需求变化时的价值 C_0 为 100 万元,近 3 年无风险投资收益率(购买国债收益率)均值为 3.51%,企业向银行申请无配给的专利权质押信贷年化利率为 6.5%,假设考虑技术替代性和时间贬损性的专利价值 u 为 85 万元,经前述假设二阶原点矩 σ^2 为 88(考虑专利价值波动方差为正,即 $\sigma^2 - u^2 > 0$,由于已知一阶原点矩和二阶原点矩可以计算方差,所以在现实应用中可以通过估计专利在信贷终期的均值和方差来反向计算上述两参量),企业该项专利技术项目成功的概率为 83.55%。利用前述结论进行计算,该项专利的贷款终期价值为 78.86 万元,银行的最优贷款利率为 8.53%,最优配给量为 0.88,该结论的可靠性建立在专家对该专利进行充分研究和对其未来风险的准确计量的基础上。

三 结论分析与管理启示

专利权质押融资本质上是一种创新性的质押融资模式,所以对其研究的范式可以而且应该建立在传统的银行质押信贷配给模型上,而这些模型的质押物假设基本建立在有形资产基础上。经典银行信贷风险的决策模型,对于抵押品的终期价值只是简单假设为初期质押价值的一定比率 k(k 为定值),但是专利的价值,却由于评估方法选取、市场环境的变化、拍卖二级市场不完备等因素"天然"存在着不确定性,这就对银行的信贷决策产生了新的影响。本文基于不完全信息情景,研究了专利价值的概率分布在最"糟糕"情形下银行相应的信贷风险决策机制。研究结论与管理启示如下。

1. 考虑时间贬损性和技术替代性,专利作为质物的特殊性表现在其价值的概率分布可以呈现近似两点分布的极限情形,这与一般有形资产作为质物显著不同;

2. 找到了信贷终期专利价值的解析解,其值由只考虑专利市场需求变化时的价值、一阶原点矩以及二阶原点矩等参量决定,由于已知一阶原点矩和二阶原点矩可以计算方差,所以在现实应用中可以通过估计专利在信贷终期的均值和方差来反向计算上述参量。

3. 对不完全信息下的专利权质押银行信贷决策模型求解,发现银行的贷款利率与专利的信贷终期价值呈负相关关系,这表明企业利用质量优异的专利可以有效降低其融资成本。

4. 银行对专利权质押融资的配给量与专利的终期价值未发现明确相关性,说明银行对专利权质押贷款的配给决策还需要重点考查专利价值以外的因素,这些因素与专利价值本身是否存在相关性,以及对银行信贷风险决策影响的模型构建是本书下一步需要研究和解决的问题。

本章附录

定理 5.1 证明

证明 令 $EC = u$,根据期望与方差的计算公式,$E(C - EC)^2 = EC^2 - (EC)^2$

由 $V(C) = \min(C_0, C)$,为方便计算,定义 u 为专利价值 C 的一阶原点矩 $E(C)$,σ^2 为专利价值 C 的二阶原点矩 $E(C^2)$,进一步求解 $\min EF[\omega(C)]$

$$s.t. \begin{cases} \int dF(C) = 1 & (5-3) \\ \int CdF(C) = u & (5-4) \\ \int C^2 dF(C) = \sigma^2 & (5-5) \\ F(C) \geq 0 \end{cases}$$

进一步求其对偶问题

$$\max \quad \alpha + u\beta + \gamma\sigma^2 \qquad (5-6)$$

$$s.t. \quad \alpha + u\beta + \gamma\sigma^2 \leq \omega(c) \; \forall c \qquad (5-7)$$

当 $\gamma = 0$ 时，该约束不能总成立，根据互补松弛条件，当 $\gamma \neq 0$ 时，若存在最优解，可知该专利价值服从离散分布：$P\{C = c_i\} = p_i$，$i = 1, 2$ 不妨设 $C_1 < C_2$

$$s.t. \begin{cases} p_1 + p_2 = 1 & (5-8) \\ C_1 p_1 + C_2 p_2 = u & (5-9) \\ C_1^2 p_1 + C_2^2 p_2 = \sigma^2 & (5-10) \end{cases}$$

将 (5-8) 式带入 (5-9)、(5-10) 式得

$$s.t. \begin{cases} C_1 p_1 + C_2(1 - p_1) = u & (5-11) \\ C_1^2 p_1 + C_2^2(1 - p_1) = \sigma^2 & (5-12) \end{cases}$$

将 (5-11) 式带入 (5-12) 式得

$$C_1^2 p_1 + \left(\frac{u - C_1 p_1}{1 - p_1}\right)^2 (1 - p_1) = \sigma^2$$

$$p_1 = \frac{\sigma^2 - u^2}{C_1^2 - 2uC_1 + \sigma^2} \qquad (5-13)$$

根据最小最大遗憾准则的求解步骤，(5-1) 式的目标函数可转变为先求 σ 函数的最大值，假设其他状态变量值保持不变时，易知专利终期价值的最小值对应银行信贷损失函数的最大值。带入 (5-9) 式得：

$$\max \sigma = q[(1+r)B - (p_1 C_1 + p_2 C_2)] + (1-q)(r-\rho)B \quad (5-14)$$
$$\Rightarrow \min(p_1 C_1 + p_2 C_0) \Rightarrow \min[p_1 C_1 + (1 - p_1) C_0]$$
$$\Rightarrow \min[C_0 + p_1(C_1 - C_0)] \qquad (5-15)$$

进一步，将 (5-13) 式带入 (5-15) 式有

第五章 基于银行信贷的专利权质押信贷合约设计

$$\min C_0 + \frac{\sigma^2 - u^2}{C_1^2 - 2uC_1 + \sigma^2}(C_1 - C_0) \tag{5-16}$$

令 $f(C) = C_0 + \frac{\sigma^2 - u^2}{C_1^2 - 2uC_1 + \sigma^2}(C_1 - C_0)$

$$\frac{\partial f(C)}{\partial C_1} = \frac{(\sigma^2 - u^2)(C_1^2 - 2uC_1 + \sigma^2) - (\sigma^2 - u^2)(C_1 - C_0)(2C_1 - 2u)}{(C_1^2 - 2uC_1 + \sigma^2)^2}$$

$$= (\sigma^2 - u^2)\frac{-C_1^2 + 2C_0C_1 - 2uC_0 + \sigma^2}{(C_1^2 - 2uC_1 + \sigma^2)^2} = 0 \tag{5-17}$$

根据（5-17）式，易得 $-C_1^2 + 2C_0C_1 - 2uC_0 + \sigma^2 = 0$

解得 $C_1 = C_0 \pm \sqrt{C_0^2 - 2uC_0 + \sigma^2}$

由 $\frac{\partial^2 f}{\partial C_1^2} = \frac{2(\sigma^2 - u^2)[C_1^3 - 3C_1\sigma^2 + 2u\sigma^2 + C_0(-3C_1^2 + 6C_1u - 4u^2 + \sigma^2)]}{(C_1^2 - 2C_1u + \sigma^2)^3}$

$$= \frac{(\sigma^2 - u^2)(C_0^2 - 2C_0u + \sigma^2)(-C_0 + u + \sqrt{C_0^2 - 2C_0u + \sigma^2})}{2[C_0^2 + \sigma^2 + u\sqrt{C_0^2 - 2C_0u + \sigma^2} - C_0(2u + \sqrt{C_0^2 - 2C_0u + \sigma^2})]^3}$$

由于 $E(C - EC)^2 = EC^2 - (EC)^2 > 0$ 而 $\sigma^2 = EC^2$，$u = EC$，所以 $\sigma^2 - u^2 > 0$

又因为 $C_0^2 + \sigma^2 - 2C_0u - (u - C_0)^2 = \sigma^2 - u^2 > 0$，所以 $\sqrt{C_0^2 + \sigma^2 - 2C_0u} > |u - C_0|$，

所以 $-C_0 + u + \sqrt{C_0^2 - 2C_0u + \sigma^2} > 0$

同时 $C_0^2 + \sigma^2 + u\sqrt{C_0^2 - 2C_0u + \sigma^2} - C_0(2u + \sqrt{C_0^2 - 2C_0u + \sigma^2})$

$$= C_0^2 + \sigma^2 - 2C_0u + (u - C_0)\sqrt{C_0^2 - 2C_0u + \sigma^2}$$

$$= \sqrt{C_0^2 - 2C_0u + \sigma^2}(\sqrt{C_0^2 - 2C_0u + \sigma^2} + u - C_0) > 0$$

所以 $\frac{\partial^2 f}{\partial C_1^2} > 0$

由此 $C_1 = C_0 - \sqrt{C_0^2 - 2uC_0 + \sigma^2}$ \hfill (5-18)

其中 $p_1 = \dfrac{\sigma^2 - u^2}{C_1^2 - 2uC_1 + \sigma^2}$

$$= \dfrac{\sigma^2 - u^2}{(C_0 - \sqrt{C_0^2 - 2uC_0 + \sigma^2})^2 - 2u(C_0 - \sqrt{C_0^2 - 2uC_0 + \sigma^2}) + \sigma^2}$$

$$(5-19)$$

将（5-18）、（5-19）式带入（5-15）式得 $\min(C_0, C) = C_0 - p_1\sqrt{C_0^2 - 2uC_0 + \sigma^2}$，证毕。

本章小结

银企信贷融资中，信息的不对称，会产生逆向选择和道德风险，影响银企信贷关系，先前已有文献证明有形资产（厂房、设备、土地）作为融资质押物可以当作降低信息不对称的有效工具，而知识产权这种"无形"的质押物，是否能发挥传统质押物的作用，降低银企之间的"不信任"呢？经典银行信贷风险的决策模型，对于抵押品的终期价值只是简单假设为初期质押价值的一定比率，但是专利权的价值，却由于评估方法选取、市场环境的变化、拍卖二级市场不完备等因素而"天然"存在着不确定性，这就对银行的信贷决策产生了新的影响。基于新的情景，本章事先不给定专利价值的概率分布，考虑专利的可替代性和时间贬损性，构建基于不完全信息条件下的最小最大遗憾准则的信贷决策模型，分析得出了专利在贷款终期价值的解析解，并结合 Kuhn-Tucker 条件给出了专利价值的概率分布在最"糟糕"情形下的银行贷款利率和配给量的最优解。紧接着，考虑企业违约率和银行信贷风险容忍条件对银企信贷合约的影响，构建了相应的信贷合约模型，得到了银行对专利权融资质押率的解析解，并通过数值算例，验证了相应的结论。

第六章　基于P2P网贷平台的专利权质押融资模式研究

国家工商总局2014年发布的《全国小微企业发展报告》显示，目前我国科技型小微企业数量已达47.76万户，科技型中小企业对国民经济和社会发展具有重要的战略意义，在增加就业、促进经济增长特别是在国家科技创新方面发挥了积极作用。据《中国知识产权指数报告2013》，2013年中国发明专利申请数量首次超过美国，位居第一，其中，小微企业贡献了65%左右的发明专利以及80%以上的新产品开发。[①] 科技创新包括从技术研发、产品开发到产业化的整个过程，创新过程需要投入大量资金，科技型小微企业由于规模小、资金量有限，其发展过程离不开外部资金的有效支持。目前，国内科技型小微企业的融资困境令人担忧，银行为降低风险，往往不愿意为成立年限短、规模小的科技型企业提供贷款（方厚政，2015），据统计，我国的科技型中小企业仅有8%左右能得到银行的贷款支持（唐雯等，2011），外源性融资不足带来的资金缺口困境，严重制约了科技创新和企业发展，解决其融资难、融资贵的问题已经迫在眉睫（孙华平等，2013）。党的十八大报告明确提出"支持小微企业特别是科技型小微企业发展"，国务院2013年发布的《关于金融支持经济结构调整和转型升级的指导意见》指出，要加强对科技型、创新型、创业型小微企业的金融支持力度。2014年以来，

[①] 邢梦宇：《1170万家小微企业贡献65%发明专利》，http://www.chinatradenews.com.cn/html/huizhanzixun/2014/1015/8336.html。

为降低大众创业成本，国务院出台了一系列政策措施（税收减免、定向降准、降息）帮扶小微企业发展，但科技型小微企业发展的根本在于技术研发和产品创新，这就形成了科技型小微企业"轻资产""重创意"的资本结构特点和"高投入、高风险、高回报"的项目型融资特点，科技型小微企业的价值主要体现在以专利权为代表的知识产权，考虑到专利权作为质物的特殊担保属性，在实践中，我国科技型小微企业专利权质押长期处于低速发展状态，因此研究科技型小微企业从"知本"到"资本"转化的融资新渠道有着极为重要的理论和实践意义。

近年来，P2P（peer-to-peer/person-to-person）互联网融资方式快速发展，P2P网贷是指网络信贷公司提供平台，撮合对等主体（资金借出人和资金借入人）之间直接进行资金借贷的商业模式，其中，资金借出人获取利息收益，并承担相应风险，资金借入人到期偿还本金，网贷公司收取中介服务费。美国的Prosper、Lending Club以及英国的Zopa，国内知名的人人贷、陆金所、红岭创投、理财范等月均交易额均突破亿元级。据相关报道，目前P2P行业交易总额中70%以上的资金流向小微企业。P2P网贷平台又称为互联网金融信息服务平台，在线上提供给个人、小微企业和民间资本之间的融资通道，美国Prosper公司起步较早，在美国成熟信用评价体制下，Prosper作为融资平台对借贷人的个人信息记录（社会保险号、信用评分、社会网络）或机构经营信息（历史交易记录、债务/收入比、信用等级）委托第三方做严格审查，而资金出借利率根据竞拍方式形成，以借款人愿意支付的最高利率为基准，出借人开始通过降低利息率进行竞拍，最低利率的出借人组合获得投资机会。而国内P2P平台运营模式有所不同，很多在给定企业信贷利率的基础上，资金出借者竞标，当总额达到借款额时，竞拍过程终止。而满标授信资金会委托第三方进行资金托管，P2P平台机构收取交易手续费，不能进行资金自融、自保等违法行为,切实保障平台的第三方独立性,而借款成功的个人或企业需要按照要求按期偿还本金和利息,逾期违约行为会影响信用记录。

互联网金融平台是传统金融与现代信息网络技术紧密结合形成的新投融资模式,它借助于信息媒介和"大数据"资源优势,以灵活、便捷、低成本为特征的服务模式和产品设计更加匹配于科技型小微企业融资需求(朱广其,2014)。2015年1月,《南方日报》报道,P2P平台开始涉足专利权质押融资项目,即将推出全国首个专利权抵押融资类产品"展业宝",而且已于2015年上半年上线运作。另据报道,2015年4月,西安金知网和陕西金开贷金融服务有限公司通过P2P线上融资平台,分别为西安两家企业发布了300万元融资项目,这是全国首例知识产权质押互联网融资项目,但由于该项目属于政府资金杠杆使用变相投入P2P行业[①],其发展模式的可持续性还需要进一步研究。网络贷款的一个显著特性就是快速、高效。网络贷款的快速、高效符合了小微企业对资金"短、频、快"的要求。然而据笔者了解,推出专利权(作为企业知识产权代表)质押的广东"壹宝贷"P2P平台公司一直以来都主要以房地产等有形资产抵押作为小微企业经营贷款的担保物,而科技型小微企业以专利权质押融资完全是一个崭新的业务领域,以P2P互联网金融平台结合专利权质押方式能否顺利助推科技型小微企业融资亟须理论和实践方面的研究。

一 科技型小微企业特点及融资约束

其一,规模小创新性强。尽管国家根据适用行业运用企业从业

[①] 零壹财经(2015)认为国内P2P模式中包含纯线上、债券抵押、担保/抵押、O2O、P2B模式和混合模式。笔者认为,本次西安P2P专利权质押融资案例就其资金来源、所面向的企业规模以及贷款额度而言,更准确的表达可以称为基于政策推广的混合模式。

人员、营业收入、资产总额等指标对中小微企业有了划分依据，但针对科技型小微企业的认定还没有统一标准。2013年，浙江省率先推出了"湖州标准"，即"年营业收入在5000万元以下、大专以上学历人数占职工总数的比例不低于30%，从事研发的科技人员占职工总数的比例不低于10%，企业的技术开发经费占销售收入的比例不低于5%，企业的发明专利产品、实用新型专利产品、著作权（版权）产品、省级及以上新产品的销售收入之和占企业销售总额的50%以上等指标"。总结来看，科技型小微企业具有资产规模较小，以科技人员为主体，从业人员学历层次较高，研发投入比例高，产品技术附加值高，技术创新能力较强等特征，属于典型的知识与技术密集型企业。

其二，融资需求旺盛。根据企业生命周期理论，科技型小微企业也可划分为初创期、成长期、成熟期和衰退期四个阶段，处于成熟期和衰退期的科技型小微企业往往通过寻求市场并购或上市的方式转变为中型以上企业，其融资方式也更为多样化。而处于初创期或成长期的科技型小微企业发展速度较快，但现金流不稳定，市场开拓能力、客户关系维系尤其是科研成果商用化过程存在较大不确定性（谢娟娟等，2013），此时融资需求最为旺盛。然而此时，以银行资本为主要渠道的间接融资方式总是无法做到"雪中送炭"，这主要和科技型小微企业的项目融资风险紧密相关。

其三，迅捷性融资特点显著。小微企业的一般融资特点是"短、小、频、急"，表现在一是满足短期资金周转需要的流动资金贷款较多；二是一次性贷款金额一般低于规模企业；三是临时性的贷款需求较高；四是贷款迅捷性要求较高。科技型小微企业的贷款特点尽管也体现在这四个方面，但是对贷款的迅捷性要求尤为显著，由于科技型小微企业产品创新性和新颖性较高，而外部市场需求变化较快，企业成长机遇稍纵即逝（韩刚，2012），而企业由于规模问题，资金筹措和调配能力较弱，此时对贷款需求的时效性要求较高。

其四，融资担保不足。一方面，科技型小微企业一般属于轻资产公司，采用租赁经营方式，有形可抵押资产比例较低，专利权等无形资产作为质押物，由于其变现能力相对大型企业和非科技型小微企业提供担保物而言较弱，无力为其融资需求提供有效担保；另一方面，能够为科技型小微企业融资提供担保的企业相对不足，现阶段，为小微企业提供金融服务的体系中，具有政府背景的担保基金或担保公司较少，而且由于风险和收益的不对称，民间担保公司为科技型小微企业提供担保服务的收费相对较高，一定程度上也抑制了科技型小微企业的融资担保意愿。

其五，信息不对称与金融交易成本较高。一方面，科技型小微企业具有高科技、高成长、高风险和新经济等特征，而处于初创期或成长期的科技型小微企业内部控制和财务信息系统建设较为薄弱，财务信息不透明，由于信息高度不对称，银行对企业技术价值把握不准，对其贷款风险评估较高；另一方面，金融交易成本较高，金融交易成本指通过金融中介进行融资的过程中，金融中介对资金使用者的事先风险甄别、事中签订信贷合约以及事后对资金使用方式监督等环节产生的费用（朱广其，2014）。在事前风险甄别阶段，由于目前我国企业公共征信体系还未广泛建立，银行信贷业务所需的公共信息主要依靠银行的征信系统，而小微企业的信用信息（如企业的缴税情况、业务流水、企业水电等公共收费情况等）来源较为分散，银行搜集企业信用信息成本较高，而事后监督阶段，科技型小微企业往往信贷额度较低且经营灵活，使得银行对其资金使用方式监督成本较高。

二 国内外相关研究进展

1. 服务科技型小微企业融资创新机制研究

融资困难是科技型小微企业面临的首要难题。韩刚（2012）对美国硅谷银行与交通银行苏州科技支行的经营模式进行了对比，指出科技支行进行纯商业化运作的障碍因素，提出了改善融资环境以及针对科技型小微企业的差别化信贷的政策建议。郑春美等（2013）针对科技型小微企业"三高"（劳动力成本高、生产成本高、税负高）、"两难"（融资难、扶持政策落实难）问题，介绍了美国、日本、欧盟等发达国家和地区以及金砖国家对科技型小微企业采取的税收优惠、财政补贴和融资支持措施，提出政府应该建立专门服务科技型小微企业的金融机构和担保机构，通过税收优惠、财政补贴的方式进一步加强对科技型小微企业的服务功能建设。孙华平等（2013）通过对"镇江模式"进行解析，提出构建专利池信托机构以解决专利权质押融资价值评估难题。谢娟娟等（2013）在探讨了科技型小微企业发展规律基础上，提出构建基于互联网的科技金融服务平台的科技金融创新模式。晏俊等（2013）针对科技型小微企业缺少融资抵押物问题，提出网络联保贷款模式以及风险控制机制缓解科技型小微企业的融资担保问题。纪建强等（2013）提出政府对融资方式的控制以及金融体系的不完善等是造成科技型小微企业融资难的主要原因。赵立雨等（2013）基于社会网络与协同创新结合的视角提出了促进科技型小微企业融资的政策措施。李名梁等（2014）指出科技型小微企业融资环境存在抑制问题，体现在融资保守与国有担保机制不完善等方面。朱广其（2014）认为科技型小微企业融资困难主要是交易条件不匹配和交易成本较高的结果，提出培育微型金融市场来创新信用交易条件以及降低金融交易成本。张玉明等（2014）为缓解科技型小微企业融资过程中的信息不对称问题，提出基于移动互联网的云融资模式，并提出了五阶段的运作流程。王斌（2013）认为担保资质差、抵押品价值低是科技型小微企业融资瓶颈，从组织创新的角度，提出在科技园区内建立由科技型小微企业共同出资组建担保公司，从而为担保公司入股企业提供贷款担保的新模式。李明星等（2013）在分析总结了小微企业专利权质押的现有模式及障碍性因素后，提出了以核心企业为主导的供应链专利融资模式。刘芸等（2013）指出在"专利丛林"背景下，重点是加强融资服务创新和加快科技型小微企业技术创新、发明专利等成果转化，并提出建立"非专利防御性公开数据库"以应对专利滥用现象对科技型小微企业的技术威胁。郭喜才（2014）提出P2P网贷模式可以发挥对科技型中小企业的融资优势，P2P网贷结合大数据有助于对科技型中小企业进行信用挖掘和风险识别。

2. 互联网借贷行为影响因素研究

Lee（2012）通过对韩国最大的P2P平台（Popfunding）采集数据研究后发现，P2P市场上的借贷行为为显著羊群行为。Yum（2012）研究发现当放贷人只能获取有限信息时，倾向于采取跟随策略，即模仿他人的做法；但是当其能够获取更多信息时，则倾向于坚持自己的独立判断。Zhang（2012）通过对Prosper面板数据分析，发现资金出借者并非消极模仿同伴借贷行为，而体现出具有积极观察行为的理性羊群行为（rational herding）的特征。曾江洪、杨帅（2014）通过对国内拍拍贷借贷平台数据实证分析也得出了类似的结论。此外，国外学者通过实证分析，研究了借款人的特征信息对授信行为的影响，Puro（2010）借助于Prosper的平台竞价机制，研究发现借款成功率与出借人提供的借款利率呈负相关关系。另外一些学者针对信贷主体的个体特征进行研究，Lin（2013）发现资金出借人对相同文化、地理位置相近的借款人会有更多"好感"而乐于出借。Ravina（2012）在P2P平台提供的交易数据中，研究借款人的外貌特征，发现头像清晰或者具有美丽外貌的借款人有更高的借款成功率和低贷款利率。温小霓、武小娟（2014）对国内拍拍贷交易数据进行分析，发现借入信用、借出信用、历史成功次数、审核项目数对借款成功有正的影响，而借款利率、借款人历史失败次数等信息对借款成功率有负的影响。王会娟和廖理（2014）根据"人人贷"数据分析，研究P2P网络借贷平台的信用认证机制对借贷行为的影响，发现信用评级与借款成功率呈正相关关系，而关键认证指标和线上线下结合的认证方式都提高了融资可得性，进而提出了完善中国网络借贷平台的信用认证机制的相关政策建议。

3. 社会关系网络与互联网融资行为关系

Everett（2010）运用一系列probit模型研究了人的社会关系与违约率之间的关系，其利用违约率作为因变量，团队特征、个人关系以及地理位置的趋近度作为解释变量，实证分析得出人的社会关系将显著降低借贷违约率。Collier（2010）的研究也表明个人社会资本会对借款人的信用产生积极影响，能提高借款的成功率。Lin（2013）结合Prosper平台上的大数据进行研究，发现社会网络能够有效降低P2P信贷过程中由于信息不对称而产生的信贷机会成本。研究表明社交行为与借贷违约风险存在一定相关关系，在社交网络活跃的人违约可能性相对较低。陈东宇（2014）以社会认知理论为基础，构建了理论驱动的P2P信贷行为模型，研究发现放贷人信任倾向、借款请求信息质量、借款人社会资本等是影响P2P信贷关系的关键因素。缪莲英、陈金龙（2014）研究表明借款者的社会资本能够帮助出借方作出投资决策，通过理论分析以及对Prosper平台数据进行实证分析，发现P2P平台借贷中加入小组关系、朋友关系和推荐机制等社会资本可以有效降低违约风险，提高借贷过程的可靠性。

4. P2P网贷风险与平台监管

相关数据表明，从2007年P2P网贷平台拍拍贷成立至2014年年底，国内其他P2P网络借贷平台设立总量、参与人数和交易规模均呈爆发式增长，而近年来，由于经济和金融大环境影响，加之行业监管的缺失，网贷平台资金断链、跑路，集资诈骗等案件不断出现，这些问题严重影响了行业的声誉和整体发展。宫晓林（2014）综合运用前景理论和演化动态博弈理论，研究了政府、P2P网络借贷平台和贷款人的行为选择，讨论P2P网贷模式下各利益相关者的策略调整机制以及监管的必要性。饶越（2014）借鉴国际互联网金融相关经验，提出对互联网金融进行牌照管理、纳入监管以及规定销售金融产品业务范围等措施。胡剑波、丁子格（2014）认为互联网金融具有特有的法律和制度风险、技术安全风险以及操作风险，提出加快建立互联网金融监管的法律法规、完善互联网金融监管的体制机制（全面监控、分级预警和内控稽核制度）、提高监管的信息技术水平，以及加强权益保护机制建设等措施。谢平等（2014）提出互联网金融存在信息科技风险和"长尾"风险两大突出问题，对于互联网金融不能采取自由放任的监管理念，对于P2P网贷平台提出了准入监管、运营监管和信息监管等措施。禹海慧（2014）提出P2P网络贷款平台存在法律风险、信用风险和经营风险，并提出包括监管原则、监管机构、监管措施以及配套制度等要素在内的P2P网络贷款平台监管制度建构。樊云慧（2014）指出P2P行业涉及公众利益，需要通过监管进行风险防范并引导其健康发展，明确提出将银监会作为全国统一监管机构，并提出了建立资金托管机制、防火墙机制、规范P2P借贷平台信息披露和加强行业自律等一系列具体监管措施。

针对这一全新信贷领域，国内外文献集中于研究P2P网贷平台运作现状分析、社会网络、借贷行为影响因素、风险评价指标、网贷逾期行为、平台监管机制等方面，而没有涉及针对专利权质押的互联网融资模式，因此，本书着眼于 P2P 网贷平台与科技型小微企业专利权质押融资结合的视角，开拓和丰富了科技创新支撑机制研究，其研究有助于使政府在加强 P2P 行业规制的基础上重点关注对企业专利权质押融资的支持功能，应该说具有理论和实践上的双重意义。

三　P2P 网贷融资与传统银行信贷对比分析

P2P 网贷属于直接融资范畴，根据国外成熟的 P2P 平台交易模式，P2P 网贷基于网络虚拟平台，发布借贷信息，进行需求匹配与撮合，对借款需求进行风险审查，控制平台整体风险，平台本身不提供担保、不归集资金。P2P 网贷的主要优势体现在传统银行难以覆盖的借款人在虚拟网络中能得到高效便捷的信贷服务。基于 P2P 网贷平台的科技型小微企业融资方式与传统以银行为主导的科技信贷融资方式相比较，其不同点及优势主要体现在以下几方面。

1. 传统信贷市场上，银行作为信贷资源供给主要渠道，银行和科技型小微企业之间关系呈现一对多的信贷博弈特征，银行为拥有谈判资源和政策优势方，且我国金融机构垄断现象严重，国有银行资金偏重于服务国有企业和国有控股企业（李名梁等，2014）。而 P2P 信贷市场上，科技型小微企业群体和市场投资方（主要由民间自然人组成的信贷供给群体）作为对等主体，呈现多对多的市场博弈特点，属于双向拍卖交易机制范畴，在提高资金使用效率和实现市场资金供需均衡方面占有优势。

2. 相较于传统信贷市场，P2P 网络金融通过构建融资信息平台实现了信贷交易中的信息共享情景，传统的银企之间信贷属于封闭式交易行为，企业规模和各项财务指标是融资关键指标；而 P2P 互联网融资平台是开放信贷信息平台，通过线上运营与线下企业调查的互动结合，科技型小微企业可以凭借社会信用评分机制充分体现其信用水平和融资价值。

3. 传统信贷市场条件下，科技型小微企业融资主要通过政府政策性引导，政策上尽管要求国有和地方银行支持科技型小微企业融资，通过定向降准、降息的方式银行授信向科技型小微企业倾斜，但依然不能有效缓解银行对科技型小微企业的"惜贷"现象，由于银行可以通过灵活变通的方式（比如授信于大企业中规模不大的子公司等）来规避政策引导，最终科技型小微企业还是很难得到授信，而 P2P 互联网信贷方式是完全市场化的信贷融资方式，且关键一点是信贷利率较民间小额贷款公司低很多，一般企业融资利率在 12% ~ 20%，这就给科技型小微企业利用专利权质押融资提供了普惠信贷的可能。

4. 银行对企业运用专利权质押融资制定了较高的门槛，一般适用于管理规范、产品技术在行业中具有较高的市场竞争力的科技型中小企业，其发明专利现有有效期不得少于 8 年，实用新型专利现有有效期不得少于 4 年，且专利已进行 2 年（含）以上的实质性实施、使用，并形成产业化经营规模。对于大部分科技型小微企业而言，企业专利技术研发及专利产品市场开拓尚未成熟，其专利技术实施情况和收益很难达到银行要求，而 P2P 平台通过贷款信息发布的方式可以沟通资金供给方和资金需求方。互联网信贷平台本质上属于风险投资，借款风险和收益呈正相关关系，P2P 平台职责是甄别企业背景、借款用途、质押物/抵押物的价值评估材料的真实性以及企业的信用水平，对于风险可控的贷款标的对外进行发布，所以对于专利权质押融资模式而言，其借贷门槛较银行来说相对较低。

传统银企之间信贷市场研究中，抵押品可以作为项目风险甄别工具（Bester, 1987; Besanko and Thakor, 1987），借款企业愿意提高项目的抵押物价值有助于降低由于信息不对称所导致的逆向选择和道德风险问题，但专利权作为企业无形资产质押物，即便企业愿意增加专利权的质押数量，专利权由于具有区别于一般抵押物的价值评估和市场变现的双重困难，也未必能够提高资金出借方的授信意愿；而且对于科技型小微企业而言，由于其企业规模和融资额度相对较小，对其尽职调查又会大幅提高银行的授信成本，相较于使用厂房、设备、土地抵押融资的大企业，科技型小微企业几乎没有任何授信"比较优势"，这就造成了企业和银行之间的专利权质押贷款"叫卖不叫座"现状。在互联网金融平台下企业的专利权质押贷款由于属于民营资本直接融资范畴，P2P 互联网信息服务平台对科技型小微企业利用专利权质押融资，启用的是"推荐 + 评估 + 担保"的授信方式，首先推荐和评估工作一般由与 P2P 平台合作的第三方知识产权服务平台（知识产权服务平台拥有知识产权咨询、评估、管理、维权等方面的优势，比如海科知识产权综合服务平台，http://www.hkipe.com/cn/about.html）完成，这里值得注意的是，专利权价值评估只是专利权在特定评估时点的价值，而且评估时点一般选择在信贷初期，而在整个信贷周期中其价值是动态变化的，且一般呈递减趋势（张魁伟等，2014），质押物价值不稳定特征亟须第三方商业性担保支持，这也是解决中小企业信贷困难的重要渠道（田厚平，2010）。对于科技型小微企业而言，专利权能够获得金融担保是其上线并顺利获得融资的关键一环，而科技型小微企业与担保公司以及知识产权服务平台的信贷合作关系体现的不仅是公司的信用水平和发展潜力，也从一个侧面肯定了专利权的抵押价值。

四 P2P 网贷平台对接专利权质押融资现状及政策建议

（一）P2P 网贷平台对接专利权质押融资瓶颈问题分析

与银行传统信贷模式相比，P2P 网贷模式作为创新型直接融资方式，借助互联网技术，衍生出去中心化的交易结构，使得资金需求的直接匹配更加容易，提高了资金的使用效率，但是，国内P2P模式存在的现实问题也是不能忽略的，当其与专利权质押融资对接时一些问题表现得更为明显。

其一，融资"普而不惠"问题。

专利技术的产业化需要一定周期和大量资金投入，很多处于初创期或成长期的科技型小微企业面临专利技术不成熟和技术市场转化瓶颈期问题，而技术后续研发和市场开拓往往需要大量资金，且较长周期才能实现投资获益，投资风险较大和投资回收期较长的特点与P2P网贷平台的一般投资项目要求往往相悖。特别是目前，国内P2P网贷平台大部分项目为解决企业或个人短期资金周转的需求而设立，融资期限较短且融资利率较高是其主要特征（原因主要是销售成本、征信成本、担保成本较高），而企业从研发投入到产出一般需要较长时间，特别是科技型小微企业由于规模小、研发投入资金占比高，能够承担的贷款合约通常需要相对较长的时间和较优惠的利率，这就和一般P2P平台能够提供的融资产品的特征相冲突。

其二，P2P网贷平台征信体系缺陷问题。

专利权作为质物只能作为第二还款来源，第一还款来源还是要考察企业自身的还款能力和还款意愿，这就是说，对科技型小微企业融资而言，其信用水平依然是P2P网贷平台关注的首要因素。目前，国家对于P2P网贷并没有明确的规定，一直处于"无准入门槛、无行业标准、无监管"的三无状态，而且国内信用体系不完善，央行的征信管理系统目前并不允许网贷平台调用个人或企业的征信信息，由于缺乏有效的外部监管和信用记录信息，风险控制只能依赖平台内部机制，征信成本过高，而美国的征信体系向所有机构开放，知名机构比如Lending club或Prosper根据借款人的社会安全号，可以轻易调用到企业的借款记录或个人的信用记录，不用耗时耗力地通过线下调查团队对借款企业进行尽职调查，征信技术的标准化大大节省了 P2P 平台的运营成本。反观国内，法律法规、征信体系不完善以及数据共享性差，造成 P2P 平台需要雇佣大量人力或借助合作平台对线下企业及个人的借贷信息真实性进行审查，而且科技型小微企业群体庞杂，地域分散，其信用记录缺失和信用评分体系的不健全进一步增加了整个 P2P 网贷行业的系统性经营风险，提高了平台运营成本和坏账损失可能，征信问题成为 P2P 网贷平台与科技型小微企业对接的一道门槛。

其三，投资人风险承受能力有限。

专利权属于无形资产，由于市场交易机制不健全，专利权质押违约处置较为困难，属于较高风险融资产品，而 P2P 借贷平台本质上也属于高风险的投资渠道，国外某些 P2P 平台对投资人的资产配置状况和风险偏好要进行事前审核，筛选出"合适"的投资人，并提示投资人对投资项目做到风险自责。反观国内，长期以来信用体系建设相对滞后，投资人风险厌恶程度比较高，风险承受能力比较低，甚至要求"刚性兑付"，为吸引足够多的投资人，国内 P2P 行业普遍要求企业融资需要抵押/质押物，并承诺保本保息，对投资人的风险意识教育不够，这导致产生不理性的投资氛围。对于科技型小微企业群体，专利权评估过程标准化以及评估结果的公允性还有待提高，如果 P2P 平台单纯依靠专利权质押的估值去设定贷款标的则风险较大，而且一般投资人更倾向于通过房地产等变现相对容易的有形资产抵押的 P2P 贷款标的，对专利权等无形资产质押的贷款项目较为陌生，且由于风险评估过高而降低其投资积极性。不过，这同时说明，专利权质押融资如果单纯依靠市场机制推动，由于市场交易机制不完善、信息不对称、投资氛围不浓厚等，其推广初期很难被民间投资人接纳。

（二）相关政策建议

针对以上三点问题，结合互联网融资平台属性和专利权质押特殊性，笔者给出以下七点政策建议。

1. 推动科技型小微企业参与行业技术专利池构建

科技快速发展的今天，一项产品的支撑专利也变得越来越密集，"专利灌丛"（patent thicket）现象已经出现，科技型小微企业的技术发明很多属于在核心专利或基础专利上的单点改进技术创新或外围专利，而且发明专利相对较少，实用新型专利和外观设计专利较多，其技术的应用可能需要企业核心专利的授权（刘芸等，2013）。为了降低科技型小微企业的研发风险，提高其专利的市场转化率，有必要推动科技型小微企业参与行业技术专利池（Patent Pool）建设。专利池作为一种由专利权人组成的专利许可交易平台，平台上专利权人之间可以进行横向许可（许可费率是由专利权人决定的）或交叉许可。专利池的显著作用在于能够消除专利实施中的授权障碍，降低专利许可中的交易成本，从而有利于专利技术的推广应用。孙华平等（2013）提出专利池信托融资一方面可以降低信息不对称程度，提高融资效率，另一方面通过对互补性专利池中专利权价值的平均估计可以更加准确地评估单一专利权价值。互联网融资平台最突出的优势就是通过信息整合和信息公开，降低借贷双方的交易成本，面对大量分散的科技型小微企业和其研发专利技术，专利权质押亟需利用专利池为专利权技术提供保障，通过专利池内部交叉许可和专利池外部打包许可的方式，增加专利质权人对所质押专利权的许可收益和市场推广信心，确保第一还款来源。

2. 加强专利权质押综合服务平台建设

之前我们提到美国 M-CAM 作为全球著名的知识产权分析和评估公司（也称专利顾问公司），推出认证资产承购价格（CAPP）业务，为科技型企业利用专利权质押提供信用担保（M-CAM公司在收取服务费的同时承担知识产权未来交易的风险），有效推动了美国科技型企业专利权质押融资业务的发展。从文献研究来看，充分发挥知识产权服务机构在专利权质押中的价值分析、评估、推荐以及信用担保作用，对于服务科技型小微企业融资具有重要意义。回顾近期推出的"展业宝"项目融资模式（见图6-1），其联合推出方广东海科资产管理有限公司（以下简称海科）的主要职责是筛选、推荐并出具《专利权（知识产权）融资专项调查报告》，引入知识产权资产管理公司之后，互联网平台服务科技型小微企业的特点之一是辅助交易资费大幅降低，根据与广州壹宝资产管理有限公司签署的合作协议，乙方（海科）收取的所有费用合计不得超过借款申请人所获批准借款额的2.5%（笔者认为其主要原因是海科所组建的知识产权交易平台及融资服务平台是集知识产权质押融资、交易、评估、分析、代理和维权为一体的知识产权综合服务平台[①]，发挥业务协同效应可以有效降低服务成本）。从企业与银行之间开展专利权质押融资所需要支付的评估费、律师费用以及担保及保险费用（合计为贷款金额的10%~15%）的辅助信贷资费水平来看，基于P2P平台的专利权质押辅助融资成本确实降低不少。同时需要指出P2P平台的融资利率属于市场定价，平均为12%~20%，相较于银行的贷款利率要高出不少，而广州壹宝资产管理有限公司作为"展业宝"项目的甲方，透露表示中小企业综合成本在15%左右，并且目前各地的知识产权交易所会有补贴政策，企业挂牌后再融资，成本会大大降低。[②]特点之二是交易效率大幅提升，相较于银行动辄几个月的授信审查和其他业务办理时间，"展业宝"业务仅需要15天时间，

[①] 海科知识产权综合服务平台，http://www.hkipe.com/。
[②] 《P2P试水知识产权质押融资》，http://money.163.com/15/0123/04/AGKB1R3S00253B0H.html。

而且每一项借款标的都是通过两大公司三重关卡审查，这对于优质科技型小微企业而言，可以大幅提高融资交易效率。特点之三是分担了P2P平台的业务风险，根据广州壹宝资产管理有限公司与海科的合作协议，专利权质押融资项目推荐方对借款项目承担连带责任担保及逾期代偿义务（包括推荐方对申请人提交的资料或资信情况等存在校验失误、不实等问题承担相应责任）。纵观全国，各地方与海科知识产权综合服务平台类似的机构还有很多，而加强知识产权综合服务平台建设，特别是创新与互联网金融的业务合作，可以为科技型小微企业利用专利权等知识产权质押增信，在降低交易成本的同时努力提高融资效率提供了新途径。

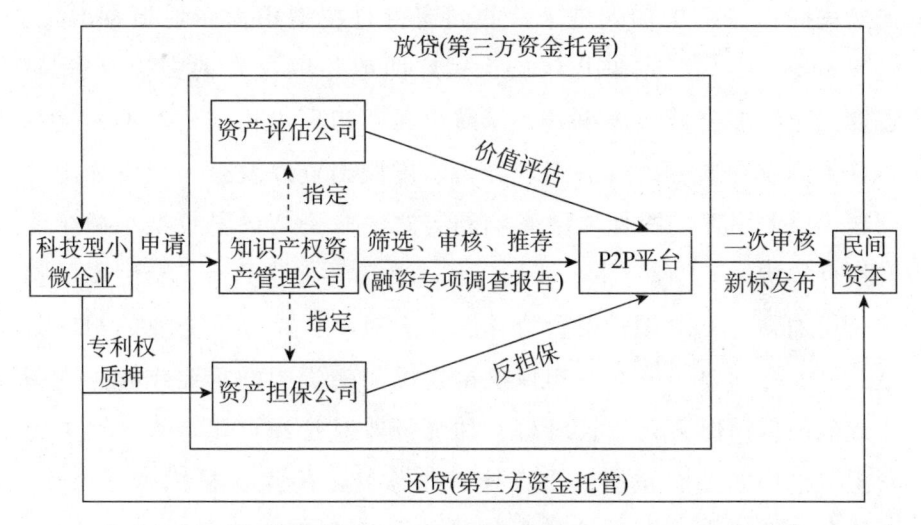

图6-1 基于P2P网贷平台的专利权质押融资模式（以"壹宝贷"为例）

3. 规范担保机构运营，加强科技型小微企业政策担保补偿

在专利权质押融资实务中，银行在接受专利权等知识产权作为担保物时普遍较为谨慎，信贷配给、增加收费、缩短融资期限和给予较低质押率等方面都表现出银行对专利权等知识产权作为质押融资担保物的"歧视"现象（姚王信等，2012）。针对这种现象，学界普遍认为专利权由于权利和价值的不稳定性，面临评估难和流转

难的现实问题，单纯以专利权作为质押担保物存在市场风险过高的问题。为此，美国采用了"政策担保＋民间担保"的模式，前文提到美国联邦小型企业局（SBA）与美国 M－CAM 公司合作，为中小企业利用知识产权质押提供信用担保，而日本政策投资银行与日本信用保证协会合作为科技型企业提供长期低息贷款，政府政策由于具有很强的执行力和导向力，能够及时有效地为知识产权担保融资开辟良好的发展环境，而科技型小微企业由于融资规模小、科技创新风险高，P2P 网贷平台融资亟需政策提供担保增信，可以模仿美国和日本成立专业政策性担保公司为科技型小微企业利用专利权质押融资提供担保，国家和地方可以通过设立科技融资风险补偿基金鼓励民间担保机构加入进来，共同支持科技型小微企业质押融资。这里不得不提到，过去几年中，京广两地相继爆发的中担、华鼎、创富三家担保公司违规事件，暴露出民营担保机构在资本逐利性和监管不到位背景下出现的违规经营、虚假出资以及夸大担保能力等问题，由此引发的担保风波影响到与之关联密切的科技型小微企业和银行机构。[①] 因此，下一步的工作一方面要促进具有国资背景的担保公司加强与 P2P 网贷平台合作，加大对科技型小微企业的担保力度；另一方面要明确民营担保机构在民间融资中的重要作用，进一步规范民营担保公司运营管理，加强行业监管和自律行为，推进民营担保机构的整合重组，重点扶持业务突出的担保机构做强做大，对符合条件的中小型企业担保机构给予资金扶持和税收减免待遇，鼓励其提高对科技型小微企业的担保业务规模，降低科技型小微企业担保费用。

4. 推进专利权质押保险业务发展

中国保监会、工业和信息化部、商务部、中国人民银行和银监

---

① 杨洋：《科技型小微企业："轻资产"成融资最大瓶颈》，http：//www.financialnews.com.cn/jj/dfjj/201405/t20140528_56424.html。

会联合发布的《大力发展信用保证保险服务和支持小微企业的指导意见》(保监发〔2015〕6号)指出以信用保证保险产品为载体,创新经营模式,营造良好的发展环境,坚持改革创新,调动各个参与主体的积极性,发挥信用保证保险的融资增信功能,缓解小微企业融资难、融资贵问题。张甦(2012)认为专利权质押融资由于市场化风险较高,参与各方积极性不高,而即便采用担保贷款,也存在担保机构资质、政府资金风险以及担保资金利用率不一等弊端,提出加强保险在专利权质押贷款中的作用。2014年,镇江市科技(知识产权)局与人保财险公司镇江市分公司、江苏银行三方携手合作,在全国首次推出"专利质押贷款保险"产品,这与传统的"专利保险"(投保人以授权专利为标的向保险公司投保,在保险期间,保险公司按照合同约定向投保人为专利维权而支出的调查费用和法律费用进行赔偿,这为专利权人的合法维权提供保障)不同,专利质押保险贷款是在专利权质押融资的基础上,对质押的专利进行保证保险,此举创新性地引入保险公司共同分担专利权质押融资风险,同时合作银行给予贷款利率优惠的机制,镇江市科技(知识产权)局对按期还本付息的企业给予保费补贴①,目前已有两家镇江企业通过专利权质押保险的方式获得150万元和300万元的银行授信额度。由于互联网融资平台具有低门槛和开放性的特征,相较于金融机构,社会公众普遍对专利权的价值评估和市场流动性风险不了解或把握不准,这造成信心不足,加大了这项业务的推广难度,P2P平台可以借鉴上述"科技贷款保证保险"模式,通过引入保险公司对投资人的收益权进行保障,吸引民间融资的广泛参与。但同时要指出,这种保险模式推广有一定难度,虽然目前中国人寿保险、民安保险

---

① 《江苏省首次推出"专利质押贷款保险"新业务》,http://www.sipo.gov.cn/dtxx/gn/2014/201411/t20141113_1031089.html。

已经与国内一些 P2P 平台签订了战略合作协议，预期为 P2P 平台项目提供本息履约保障，但是真正开始承保的寥寥无几[①]，而且相较于大中型企业，科技型小微企业创新发展不确定性较大，坏账率偏高，保险公司看重的是风险和数据累积，如果投标项目风险不可控，保险公司也不会贸然介入，信息不对称带来的信任不足是阻碍第三方担保公司和保险公司与科技型小微企业合作的主要障碍。2015 年发布的《中共中央国务院关于深化体制机制改革加快实施创新驱动发展战略的若干意见》明确提出"建立知识产权质押融资市场化风险补偿机制""加快发展科技保险，推进专利保险试点"，面对目前专利保险市场化程度不高的现状，加快发展科技保险，推进专利保险试点是国家政策扶持科技型小微企业发展的重要举措，目的在于推进专利权保险模式的战略发展。

5. 完善科技型小微企业征信体系建设

对比国内外 P2P 平台运营可以发现，由于我国征信体系不完善，信息共享机制不健全等，快速发展的国内 P2P 平台很少采用国外知名平台所采用的纯线上的标准信息审查制度，而是主要依托线下尽职调查团队或合作机构代为调查的方式核实借款人或企业信息，这就加大了人力和资金的使用成本，科技型小微企业由于企业规模小、数量多、运营期短，其信用数据孤岛化、碎片化严重，时效性、连贯性和完整性差，而且企业服务和产品的创新性不强，P2P 平台的征信难度和成本遂大幅提高。为降低征信成本，提高征信质量，P2P 网贷平台可以借助政府科技服务机构或第三方商业征信机构辅助科技型小微企业进行信用调查。在合作成本方面，建议政府初期可以制定针对科技型小微企业的征信补贴政策，推动 P2P 平台发展相应

---

① 《国寿财险、民安保险等牵手 P2P 商机还是危机》，http://finance.qq.com/a/20140819/016078.htm。

业务，而长期目标是通过 P2P 平台和征信辅助机构的信息共享，建立科技型小微企业信用公共数据库，完善民间企业融资信用记录，甚至可以将其标准化以对接央行征信体系，从而从根本上降低科技型小微企业融资的征信成本。

6. 创新科技型小微企业信用评分机制建设

征信是根据历史数据来评价目标主体的违约风险，这种机制本身存在一定局限性，当征信数据不连贯、不完整时，其对目标主体的预测就容易失真，所以针对科技型小微企业的融资特点，信用评价体系需要一定的创新，从文献检索结果来看，国内企业信用评级相关文献大多采用层次分析法（或模糊层次分析法）等专家评分法，根据信贷专家的综合经验和主观判断确定各项分值和评价权重，这对企业的财务数据较为依赖，然而科技型小微企业由于规模小、人数少，不仅企业经营管理特别是财务管理的规范性和科学性普遍存在问题，而且企业专利权评价较为困难，如果套用一般企业信用评级方法，企业很难获得较为理想的评级分数，这客观上影响企业的融资能力。基于互联网的科技金融服务平台可以充分发挥线上、线下的数据调查优势，同时借助于大数据分析以及信息传递的便捷优势，开发针对科技型小微企业的信用评分技术，在对历史大数据分析的基础上，重点对借款企业负责人的诚信资质、借款记录、借款用途、偿还能力进行分析（包括注册信息、申请人住房情况、个人账户往来、订单信息、交易信息、违约记录、金融资产情况、企业运营年限等一系列指标），运用以统计分析为基础的数据挖掘技术，建立相应的信用评分模型，以此为信贷决策提供参考，实现科技型小微企业、互联网、融资服务的有效结合，实现对科技型小微企业的批量化信用评价。这是对征信系统的有效补充，可以为政府制定科技融资政策提供依据。

7. 完善行业监管细则，助力科技型小微企业融资

自2013年以来，P2P网络借贷行业经历了一段快速发展期，但同时也不断出现诸如跑路、提现困难、平台倒闭等负面事件。事实说明，P2P网贷行业本身属于高风险类金融行业，政府需要出台监管细则，以政策引导行业健康发展，在金融产品和服务创新的基础上，保护投资人的权益，帮助行业实现"良币驱逐劣币"的目标。

（1）强化平台信息披露机制建设

信息披露机制是降低行业不透明度、降低交易成本和完善行业监管的首要措施。目前，国内很多平台还未建立信息定期公布制度，部分平台只能查阅未成交项目，公司经营的历史详细数据信息以及项目的逾期率并没有公开，企业的征信记录更难查询，信息披露的不充分、不完全、不及时很难让投资方、行业协会以及监管部门对P2P网贷平台有一个客观、合理的了解以及制定决策，除了P2P平台自身管理能力问题外，还应注意的是平台可以通过隐藏信息、制造信息不对称而获利，信息的不透明会引发投资者对P2P行业的不信任和不安全感，也会导致系统风险的集聚。因此，P2P网贷平台应该建立在信息对称、透明基础之上，平台与竞争对手以及投资人之间应该保证信息的充分揭示和共享。进一步而言，科技型小微企业由于经营风险较大，利用专利权开展质押融资还需要第三方的担保，P2P网贷平台更需要针对专利权质押融资相关项目的信息披露，给予投资者充分的知情权，比如，相关标的借款总额、平台收入、知识产权担保机构审核报告、专利权评估报告、专利权质押逾期情况等。同时，信息披露原则上还要求P2P平台对项目投资进行风险提示，尤其在发布信用等级低、违约风险高的项目时，要明确提示风险，待投资者确认后才能投标。

（2）筛选优质P2P平台，推动专利权质押风险补偿

由于互联网科技金融服务平台建立了良好的信用奖惩机制，纳

入其中的科技型小微企业愿意向潜在的资本提供者提供企业的真实信息，并愿意以其信用接受外界的监督和约束。不仅如此，P2P平台本身也要通过完善的内部控制机制，以良好的信用吸引投资方的关注。科技型小微企业利用专利权开展质押融资时，一般单笔借款数额较高，与分散的小额个人业务相比，这种业务改变了P2P借贷的风险结构，要求运行平台具有较完备的信用评估能力，有良好的机构合作能力，并通过担保和反担保建立完善的风险控制机制。考虑业务主体的特殊属性，初期单纯依靠市场机制发展较为困难。考察全国首例专利质押互联网融资，我们发现，金知网运营中心（知识产权服务机构）为需要融资的企业提供融资担保服务，金开贷（P2P网贷平台）对推荐的专利权质押融资项目启动三级审核流程，确认借款企业还款能力及意愿后将借款需求通过平台发布，而为项目提供资金支持的西安市科技金融服务中心（西安市科技局的直属企业），当借款出现逾期时，其借款将由金知网运营中心先行代偿，西安市科技金融服务中心提供其损失本金的50%作为风险补偿金。作为全国先行的专利权质押P2P融资项目，政策对其提供支持的示范作用不可小觑，为了充分激发科技型小微企业的创新能力，政府在加强对互联网金融平台的监管的同时，考虑给予服务科技型小微企业的互联网平台提供政策优惠甚至财政补贴，建议各级地方政府参考针对银行专利权质押支持的方式，先期筛选一部分优质P2P平台，设立扶持互联网科技金融业务发展的专项资金，对试点P2P平台发布专利权质押融资的项目进行配套奖励和风险补偿，以推动行业发展起步。

本章小结

众所周知，银行信贷偏向国企和大企业，处于夹缝中的科技型小微企业往往很难从正规渠道获得融资支持，即便能获得授信，银行审批流程也较复杂，时间周期较长，与小微企业"短、小、频、急"的融资特点天然相悖，而 P2P 网络借贷模式在服务科技型小微企业方面方便快捷，有效降低服务成本，符合科技型小微企业需求，一定程度上拓展了科技型小微企业的融资渠道。本章根据国内专利权质押融资创新实践，研究 P2P 网贷平台和科技型小微企业对接的相关问题，从科技型小微企业特点及融资约束着手，对国内外文献研究进行了细分，对 P2P 网贷模式与传统银行信贷的特点进行了比较分析，最后分析了科技型小微企业"互联网＋"融资模式存在的问题并提出了构建行业技术专利池，建设专利权质押综合服务平台，规范担保机构运营、加强科技型小微企业政策担保补偿，完善专利权质押保险制度，推进专利权质押保险业务发展，完善科技型小微企业征信体系建设，创新科技型小微企业信用评分机制建设以及完善行业监管细则、助力科技型小微企业融资几方面的对策建议。

第七章 研究结论及展望

一 研究结论

知识经济环境下，知识资本将逐步代替实物资本、金融资本，成为经济发展的重要推动力，以专利权为代表的知识产权将知识资本权利化，通过法律保障赋予知识资本以垄断竞争性。专利权质押属于科技金融领域的创新融资方式，如何解决专利权从"知本"到"资本"的转化问题是知识经济时代面临的重要问题。本书以专利权质押融资为情景，基于演化博弈的思想，针对专利权质押的特征，对银行和企业之间的博弈策略进行分析，从演化均衡的角度分析银企双方的演化规律，进而考虑政策因素对参与主体决策的影响；基于专利权质押融资情景分析专利权价值指标体系，并用实际案例对价值指标体系进行适用性分析。另外从银行的角度，基于专利价值的随机波动性、专利的可替代和时间贬损性，分析构建基于专利权质押融资的信贷配给模型，给出信贷终期专利的价值函数以及基于专利权质押的银行最优信贷合约的设计，并进行数值分析和解释；接着，本书进一步研究了近年出现的P2P网贷平台和专利权质押融资结合模式与传统银行信贷的不同特征及发展瓶颈问题，并提出了相应政策建议。通过以上分析，本书主要研究结论可概括为以下四个方面。

第一，在"自然"条件下，银行和企业之间的博弈演化趋势由系统的初始条件制约以及各种影响银企支付矩阵的关键参量决定。

专利权质押融资的特殊性，专利权的评估问题以及贬值问题的客观存在，显著影响了银行和企业的相关决策。研究发现影响银行决策的关键参量有两个：企业的违约概率和专利权的贬值率。研究进一步发现，银行和企业之间的博弈演化趋势显著依赖系统初始状态和相关参量的取值，通过加入贷款贴息以及担保补贴参量，银企之间关于专利权质押融资的"合作"演化趋势得到增强。

第二，基于质押融资情景的专利权价值分析实证研究发现，评估专家对法律、技术以及经济维度从高向低排序为法律、经济和技术维度，说明针对质押融资情景，构成专利价值的三个维度的权重是有区分的，专利的法律价值维度权重最高。通过结合实践案例，本书所构建的给予质押融资的专利价值分析指标模型具有可操作性和实用性。同时，本书的研究也为专利权评估的公允性难题提供潜在的解决途径，不仅为银行对专利权进行筛选和体检提供系统的方法，也完善了专利权评估理论的不足，为银行设定相应的质押率提供决策参考。最后，专利价值分析报告可以作为中介机构进行专利评估的先导程序，实现专利权价值分析与专利评估业务有机结合。

第三，考虑时间贬损性和技术替代性，专利作为质物的特殊性表现在其价值的概率分布呈现近似两点分布的极限情形，这与一般有形资产作为质物显著不同；找到了信贷终期专利价值的解析解，其值由只考虑专利市场需求变化时的价值、一阶原点矩以及二阶原点矩等参量决定，由于已知一阶原点矩和二阶原点矩可以计算方差，所以在现实应用中可以通过估计专利在信贷终期的均值和方差来反向计算上述参量。通过对不完全信息下的专利权质押银行信贷决策模型求解，可以发现，银行的贷款利率与专利的信贷终期价值呈负相关性，这表明企业利用质量优异的专利可以有效降低其融资成本。银行对专利权质押融资的配给量与专利的终期价值未发现明确相关性，说明银行对专利权质押贷款的配给决策还需要重点考查专利价值以外的因素。

第四，与银行传统信贷模式相比，P2P 网贷模式作为创新型直接融资方式，借助互联网技术，衍生了去中心化的交易结构，使得资金需求的直接匹配更加容易，提高了资金的使用效率，一定程度上拓展了科技型小微企业的融资渠道。本书根据国内专利权质押融资创新实践，从科技型小微企业特点及融资约束着手，对国内外文献研究进行了细分，着重分析了科技型小微企业"互联网＋"融资模式存在的问题并从构建行业技术专利池，建设专利权质押综合服务平台，规范担保机构运营、加强科技型小微企业政策担保补偿，完善专利权质押保险制度，推进专利权质押保险业务发展，完善科技型小微企业征信体系建设，创新科技型小微企业信用评分机制建设以及完善行业监管细则、助力科技型小微企业融资几方面提出了相应的对策建议。

二　研究展望

专利权质押融资的研究还可以从以下几方面考虑作进一步研究。

其一，基于银行信贷模式，考虑专利权与企业项目成功率关联的信贷模型。早期研究中我们假定基于专利权质押的银行信贷风险决策研究没有考虑专利权与项目成功率的关系，假定项目成功率外生，在实践中我们可以进一步考察两者之间的关系并揭示银行信贷的风险。

其二，基于银行信贷模式，考虑分期融资的信贷合约设计。由于现实情况下，银行对专利权的信贷周期较短，通常为 1～2 年，只能满足科技型小微企业的短期融资需求，无法对其长期发展形成有力支持，本书研究发现技术可替代性的存在造成银行对专利权质押的长周期融资信心不足，所以可以考虑借鉴供应链管理中的信息更新机制，尝试研究基于分期融资问题的信贷合约设计，并对企业专利权项目风险进行动态揭示，以实现对专利权质押融资的长效支持。

其三，基于银行信贷模式，对专利权质量作进一步研究。实证研究发现专利权价值的分析是专利权质押融资最为关键的问题，虽然本书基于模糊层次分析法构建了专利权质押融资的指标体系，但是专利权价值的指标体系如何与专利权评估有效结合还需作进一步研究。

其四，以 P2P 网贷模式为代表的互联网金融创新方兴未艾，P2B、P2F 等演化模式已经显现，借款者由个人向企业扩散，未来风险投资、机构投资规模会逐渐加大，并且保险公司、民间担保机构、政府企业服务平台以及银行与 P2P 的结合也会愈发紧密。科技型小微企业专利权质押融资与 P2P 网贷平台合作发展才刚刚开始，互联网融资模式创新对科技型小微企业发展会带来怎样的驱动并伴随哪些质疑，相信随着实践的发展，相关理论研究也会进一步深入。

参考文献

[1] Amable, B., Chatelain, J., Ralf, K., Patents as Collateral, *Journal of Economic Dynamics and Control.* 2010, 34 (6): 1092 – 1104.

[2] Arora, A., Fosfuri, A., Gambardella, A., Markets for Technology and Their Implications for Corporate Strategy, *Industrial and Corporate Change.* 2001, 10 (2): 419 – 451.

[3] Barney, J. A., Study of Patent Mortality Rates: Using Statistical Survival Analysis to Rate and Value Patent Assets, *AIPLA QJ.* 2002, 30: 317.

[4] Barth, M. E., Beaver, W. H., Landsman, W. R., The Relevance of the Value Relevance Literature for Financial Accounting Standard Setting: Another View, *Journal of Accounting and Economics.* 2001, 31 (1): 77 – 104.

[5] Beck, T., Demirgüç-Kunt, A., Laeven, L. et al., The Determinants of Financing Obstacles, *Journal of International Money and Finance.* 2006, 25 (6): 932 – 952.

[6] Berger, A. N., Espinosa-Vega, M. A., Frame, W. S. et al., Why do Borrowers Pledge Collateral? New Empirical Evidence on the Role of Asymmetric Information, *Journal of Financial Intermediation.* 2011, 20 (1): 55 – 70.

[7] Besanko, D., Thakor, A. V., Collateral and Rationing: Sorting Equilibria in Monopolistic and Competitive Credit Markets, *International Economic Review.* 1987, 28 (3): 671 – 689.

[8] Bessen, J., The Value of US Patents by Owner and Patent Characteristics, *Research Policy.* 2008, 37 (5): 932 – 945.

[9] Bester, H., The Role of Collateral in Credit Markets with Imperfect Information, *European Economic Review.* 1987, 31 (4): 887 – 899.

[10] Bezant, M., The Use of Intellectual Property as Security for Debt Finance, *Journal of Knowledge Management.* 1997, 1 (3): 237 – 263.

[11] Boer, F. P., Traps, Pitfalls and Snares in the Valuation of Technology, *Research Technology Management.* 1998, 41: 45 – 54.

[12] Bienert, S., Brunauer, W., The Mortgage Lending Value: Prospects For Development Within Europe, *Eres.* 2006, 25 (6): 542 – 578.

[13] Barro, R. J., The Loan Market, Collateral, and Rates of Interest, *Journal of Money Credit & Banking*, 1976, 8: 439 – 56.

[14] Butera, G., Faff, R., An Integrated Multi-model Credit Rating System for Private Firms, *Review of Quantitative Finance and Accounting.* 2006, 27 (3): 311 – 340.

[15] Chakraborty, A., Hu, C. X., Lending Relationships in Line-of-Credit and Nonline-of-Credit Loans: Evidence from Collateral Use in Small Business, *Journal of Financial Intermediation.* 2006, 15 (1): 86 – 107.

[16] Chan, F., Chan, M. H., Tang, N., Evaluation Methodologies for Technology Selection, *Journal of Materials Processing Technology.* 2000, 107 (1): 330 – 337.

[17] Chen, S., Fuzzy Group Decision Making for Evaluating the Rate of Aggregative Risk in Software Development, *Fuzzy Sets and Systems.* 2001, 118 (1): 75 – 88.

[18] Chen, Y., Chang, K., The Relationship Between Firm's Patent Quality and Its Market Value—the Case of US Pharmaceutical In-

dustry, *Technological Forecasting and Social Change.* . 2010, 77 (1): 20 -33.

[19] Chiu, Y. J. , Chen, Y. W. , Using AHP in Patent Valuation, *Mathematical and Computer Modelling.* 2007, 46 (7): 1054 -1062.

[20] Chow, Y. , Huang, C. , Liu, M. , Valuation of Adjustable Rate Mortgages with Automatic Stretching Maturity, *Journal of Banking & Finance.* 2000, 24 (11): 1809 -1829.

[21] Collier, B. , Hampshire, R. , "Sending Mixed Signals: Multilevel Reputation Effects in Peer - to - Peer Lending Markets," in ACM Conference on Computer Supported Cooperative Work. 2010, Savannah, Georhia, USA.

[22] Cressy, R. , Toivanen, O. , Is There Adverse Selection in the Credit Market? *Venture Capital: An International Journal of Entrepreneurial Finance.* 2001, 3 (3): 215 -238.

[23] Cromley, J. T. , 20 Steps for Pricing a Patent, *Journal of Accountancy.* 2004, 198: 31 -35.

[24] Dang, J. , Motohashi, K. , Patent Value and Liquidity: Evidence from Patent-collateralized Loans in China, *Kazuyuki Motohashi.* 2012, http: //mpra. ub. uni-muenchen. de/49547/.

[25] Davies, I. , Secured Financing of Intellectual Property Assets and the Reform of English Personal Property Security Law, *Oxford Journal of Legal Studies.* 2006, 26 (3): 559 -583.

[26] De Rassenfosse G. How SMEs Exploit Their Intellectual Property Assets: Evidence from Survey Data, *Small Business Economics.* 2012, 39 (2): 437 -452.

[27] Deng, Y. , Quigley, J. M. , Order, R. , Mortgage Terminations, Heterogeneity and the Exercise of Mortgage Options, *Econometrica.*

2000, 68 (2): 275 – 307.

[28] Diamond, D. W., Monitoring and Reputation: The Choice Between Bank Loans and Directly Placed Debt, *Journal of Political Economy*. 1991: 689 – 721.

[29] Edwards, D., Patent Backed Securitization: Blueprint for a New Asset Class, *Gerling NCM Credit Insurance*. 2001.

[30] Ernst, H., Legler, S., Lichtenthaler, U., Determinants of Patent Value: Insights from a Simulation Analysis, *Technological Forecasting and Social Change*. 2010, 77 (1): 1 – 19.

[31] Everett, C. R., Group Membership, Relationship Banking and Loan Default Risk: The Case of Online Social Lending (March 15, 2010).

[32] Fischer, T., Leidinger, J., Testing Patent Value Indicators on Directly Observed Patent Value—An Empirical Analysis of Ocean Tomo Patent Auctions, *Research Policy*, 2014, 43 (3): 519 – 529.

[33] Fischer, T., Ringler, P., What Patents Are Used as Collateral? An Empirical Analysis of Patent Reassignment Data, *Journal of Business Venturing*, 2014, 29 (5): 633 – 650.

[34] Fishman, E., Securitization of IP Royalty Streams: Assessing the Landscape, *Technology Access Report*. 2003: 490 – 491.

[35] Friedman, D., Evolutionary Games in Economics, *Econometrica: Journal of the Econometric Society*. 1991: 637 – 666.

[36] Gambardella, A., Giuri, P., Luzzi, A., The Market for Patents in Europe, *Research Policy*. 2007, 36 (8): 1163 – 1183.

[37] Gilbert, R., Shapiro, C., Optimal Patent Length and Breadth, *The RAND Journal of Economics*. 1990: 106 – 112.

[38] Griliches, Z., *Patent Statistics as Economic Indicators: a Survey*.

R&D and Productivity: the Econometric Evidence, University of Chicago Press, 1998, 287 - 343.

[39] Güth, W., Mengel, F., Ockenfels, A., An Evolutionary Analysis of Buyer Insurance and Seller Reputation in Online Markets, *Theory and Decision.* 2007, 63 (3): 265 - 282.

[40] Hall, B. H., Jaffe, A., Trajtenberg, M., Market Value and Patent Citations, *RAND Journal of Economics.* 2005: 16 - 38.

[41] Hall, B. H., The Financing of Innovation, *The Handbook of Technology and Innovation Management.* 2005: 409 - 430.

[42] Harhoff, D., Narin, F., Scherer, F. M. et al., Citation Frequency and the Value of Patented Inventions, *Review of Economics and Statistics.* 1999, 81 (3): 511 - 515.

[43] Harhoff, D., Scherer, F. M., Vopel, K., Citations, Family Size, Opposition and the Value of Patent Rights, *Research Policy.* 2003, 32 (8): 1343 - 1363.

[44] Harhoff, D., The Role of Patents and Licenses in Securing External Finance for Innovation, *Handbook of Research on Innovation and Entrepreneurship.* 2011, 55.

[45] Harhoff Dietmar, T. Körting Timm, Lending Relationships in Germany-Empirical Evidence from Survey Data, *Journal of Banking & Finance.* 1998, 22 (10): 1317 - 1353.

[46] Hellmann, T., Murdock, K. J. Stiglitz, "Financial Restraint: Toward a New Paradigm," in *Aoki*, M., Kim, H.-K. and M. Okuno-Fujiwara eds., *The Role of Government in East Asian Economic Development*, Oxford: 163 - 207.

[47] Hernández-Cánovas G., Solano, P. M., Banking Relationships: Effects on Debt Terms for Small Spanish Firms, *Journal of Small*

Business Management. 2006, 44 (3): 315 -333.

[48] Hillery, J. S., Securitization of Intellectual Property: Recent Trends from the United States, Washington CORE Consulting Firm Report, March. 2004.

[49] Hilliard Jimmy E., Kau James B., Slawson V. Carlos., Valuing Prepayment and Default in a Fixed-Rate Mortgage: A Bivariate Binomial Options Pricing Technique, *Real Estate Economics*. 1998, 26 (3): 431 -468.

[50] Hytonen, H., Jarimo, T., A Scenario Approach to Patent Valuation, 2010.

[51] Jimenez, G., Salas, V., Saurina, J., Determinants of Collateral, *Journal of Financial Economics*. 2006, 81 (2): 255 -281.

[52] Kamiyama, S., Sheehan, J., Martinez, C., *Valuation and Exploitation of Intellectual Property*. OECD, 2006.

[53] Klemperer, P., How Broad Should the Dcope of Patent Protection be? *The RAND Journal of Economics*. 1990: 113 -130.

[54] Kreps, D. M., Wilson, R., Reputation and Imperfect Information, *Journal of Economic Theory*. 1982, 27 (2): 253 -279.

[55] Lanjouw, J. O., Pakes, A., Putnam, J., How to Count Patents and Value Intellectual Property: The Uses of Patent Renewal and Application Data, *The Journal of Industrial Economics*. 1998, 46 (4): 405 -432.

[56] Lehmann, E., Neuberger, D., Do lending Relationships Matter?: Evidence from Bank Survey Data in Germany, *Journal of Economic Behavior & Organization*. 2001, 45 (4): 339 -359.

[57] Lerner, J., The Importance of Patent Scope: An Empirical Analysis, *The RAND Journal of Economics*. 1994: 319 -333.

[58] Levitas, E., Mcfadyen, M., Managing Liquidity in Research-Intensive Firms: Signaling and Cash Flow Effects of Patents and Alliance Activities, *Strategic Management Journal*. 2009, 30 (6): 659 - 678.

[59] Levy, B., Obstacles to Developing Indigenous Small and Medium Enterprises: An Empirical Assessment, *The World Bank Economic Review*. 1993, 7 (1): 65 - 83.

[60] Lin, M., Viswanathan, S., Home Bias in Online Investments: An Empirical Study of an Online Crowd Funding Market. 2013, Working Paper.

[61] Maskus, K. E., Lessons from Studying the International Economics of Intellectual Property Rights, *Vand. L. Rev.* 2000, 53: 2219.

[62] Matsuura, J. H., An Overview of Intellectual Property and Intangible Asset Valuation Models, *Research Management Review*. 2004, 14 (1): 114 - 120.

[63] Mcfetridge, D. G., Intangible Collateral and the Financing of Innovation, *Working Paper*, 2001.

[64] Miltersen, K. R., Schwart, E. S., R&D Investments with Competitive Interactions, *Review of Finance*. 2004, 8 (3): 355 - 401.

[65] Minola Tommaso, Giorgino Marco., Who's Going to Provide the Funding for High Tech Start-ups? A Model for the Analysis of Determinants with a Fuzzy Approach, *R&d Management*. 2008, 38 (3): 335 - 351.

[66] Mohnen, P., Palm, F. C., Van Der Loeff, S. S. et al., Financial Constraints and Other Obstacles: Are They a Threat to Innovation Activity? *De Economist.* 2008, 156 (2): 201 - 214.

[67] Munari, F., *The Economic Valuation of Patents: Methods and Ap-*

plications. Edward Elgar Publishing, 2010.

[68] Murray, G. C., Lott, J., Have UK Venture Capitalists a Bias Against Investment in New Technology-based Firms? *Research Policy*. 1995, 24 (2): 283-299.

[69] Niinimäki, J., Does Collateral Fuel Moral Hazard in Banking? *Journal of Banking & Finance*. 2009, 33 (3): 514-521.

[70] Niinimäki, J., Nominal and True Cost of Loan Collateral, *Journal of Banking & Finance*. 2011, 35 (10): 2782-2790.

[71] Parr, R. L., Smith, G. V., *Intellectual Property: Valuation, Exploitation, and Infringement Damages*. Wiley, 2005.

[72] Parr, R. L., Smith, G. V., "Quantitative Methods of Valuing Intellectual Property," in M. Simensky, L. G. Bryer, *The New Role of Intellectual Property in Commercial Transactions*. 1994: 39-68.

[73] Pissarides, F., Is Lack of Funds the Main Obstacle to Growth? EBRD's Experience with Small and Medium Sized Businesses in Central and Eastern Europe, *Journal of Business Venturing*. 1999, 14 (5): 519-539.

[74] Pitkethly, R., The Valuation of Patents: A Review of Patent Valuation Methods with Consideration of Option Based Methods and the Potential for Further Research, *Research Papers in Management Studies-university of Cambridge Ambridge Judge Institute of Management Studies*. 1997.

[75] Ravina, E., Love & Loans: The Effect of Beauty and Personal Characteristics in Credit Markets Available at SSRN 1107307. 2012, Working Paper.

[76] Rodríguez-Rodríguez O. M., Trade Credit in Small and Medium Size Firms: An Application of the System Estimator with Panel Data,

Small Business Economics. 2006, 27 (2 – 3): 103 – 126.

[77] Sahlman, W. A., The Structure and Governance of Venture-capital Organizations, *Journal of financial economics.* 1990, 27 (2): 473 – 521.

[78] Sandner, P., *The Valuation of Intangible Assets*. Springer, 2010.

[79] Shapiro, C., *Navigating the Patent Thicket: Cross Licenses, Patent Pools, and Standard Setting*. Innovation Policy and the Economy, Volume 1, MIT Press, 2001, 119 – 150.

[80] Sharma, S., Durvasula, S., Ployhart, R. E., The Analysis of Mean Differences Using Mean and Covariance Structure Analysis Effect Size Estimation and Error Rates, *Organizational Research Methods.* 2012, 15 (1): 75 – 102.

[81] Shleifer, A., Vishny, R. W., Liquidation Values and Debt Capacity: A Market Equilibrium Approach, *The Journal of Finance.* 1992, 47 (4): 1343 – 1366.

[82] Smith, J. M., Price, G. R., The Logic of Animal Conflict, *Nature.* 1973, 246: 15.

[83] Sneed, K. A., Johnson, D. K. N., Selling Ideas: the Determinants of Patent Value in an Auction Environment, *R&D Management.* 2008, 39 (1): 87 – 94.

[84] Stiglitz, J. E., Weiss, A., Asymmetric Information in Credit Markets and Its Implications for Macro-economics, *Oxford Economic Papers.* 1992, 44 (4): 694 – 724.

[85] Stiglitz, J. E., Weiss, A., Credit Rationing in Markets with Imperfect Information, *The American Economic Review.* 1981, 71 (3): 393 – 410.

[86] Takalo, T., Kanniainen, V., Do Patents Slow Down Technological Progress? Real Options in Research, Patenting, and Market Intro-

duction, *International Journal of Industrial Organization*. 2000, 18 (7): 1105 - 1127.

[87] Taylor, P. D. , Jonker, L. B. , Evolutionary Stable Strategies and Game Dynamics, *Mathematical Biosciences*. 1978, 40 (1): 145 - 156.

[88] Tipping, J. W. , Zeffren, E. , Fusfeld, A. R. , Assessing the Value of Your Technology, *Research Technology Management*. 1995, 38 (5): 22 - 39.

[89] Ughetto, E. , The Financing of Innovative Activities by Banking Institutions: Policy Issues and Regulatory Options, *Munich Personal RePEc Archive Paper*. 2006 (430).

[90] Voordeckers, W. , Steijvers, T. , Business Collateral and Personal Commitments in SME Lending, *Journal of Banking & Finance*. 2006, 30 (11): 3067 - 3086.

[91] Wang, J. , Hwang, W. A. , Fuzzy Set Approach for R&D Portfolio Selection Using a Real Options Valuation Model, *Omega*. 2007, 35 (3): 247 - 257.

[92] Watson, H. , Credit Markets and Borrower Effort, *Southern Economic Journal*. 1984: 802 - 813.

[93] Weibull, J. W. , *Evolutionary Game Theory* . The MIT press, 1995.

[94] Williamson, O. E. , Corporate Finance and Corporate Governance, *The Journal of Finance*. 1988, 43 (3): 567 - 591.

[95] Wilson, C. , The Nature of Equilibrium in Markets with Adverse Selection, *The Bell Journal of Economics*. 1980: 108 - 130.

[96] Yum, H. , Lee, B. , Chae, M. , From The Wisdom of Crowds to My Own Judgment in Microfinance Through Online Peer-to-Peer Lending Platforms, *Electronic Commerce Research & Applications*. 2012, 11 (5): 469 - 483.

[97] Zhou, Z., Zhou, F., *SMEs Contest Between Asymmetric Rivals in Financial Market from an Evolutionary Viewpoint*. Innovative Computing and Information, Springer, 2011, 507–512.

[98] 鲍静海、薛萌萌、刘莉薇：《知识产权质押融资模式研究：国际比较与启示》，《南方金融》2014年第11期。

[99] 曾江洪、杨帅：《P2P借贷出借人的羊群行为及其理性检验——基于拍拍贷的实证研究》，《现代财经：天津财经大学学报》2014年第7期。

[100] 陈见丽：《中小型科技企业知识产权质押融资的风险控制》，《经济纵横》2011年第7期。

[101] 陈见丽：《中小型科技企业知识产权质押融资的困境与拓展》，《求索》2012年第5期。

[102] 陈江华：《知识产权质押融资及其政策表现》，《改革》2010年第12期。

[103] 陈明：《浅析我国风险投资面临的问题以及防范对策》，《企业技术开发》2011年第18期。

[104] 陈冬宇：《基于社会认知理论的P2P网络放贷交易信任研究》，《南开管理评论》2014年第3期。

[105] 程守红、周润书：《知识产权质押融资中的政策工具及模式研究》，《华东经济管理》2013年第2期。

[106] 崔宏：《基于银行贷款安全的抵押贷款价值评估》，《经济理论与经济管理》2007年第6期。

[107] 崔宏：《基于银行贷款安全目的的抵押资产评估理论与方法创新》，《金融论坛》2007年第1期。

[108] 丁锦希、李伟、王中：《知识产权质押融资激励政策研究——基于北京贴息模式的实证分析》，《科技进步与对策》2012年第21期。

[109] 丁锦希、张金凤、方玥等：《战略性新兴生物医药产业专利质押融资现状评价及其政策成因分析》，《中国科技论坛》2013年第2期。

[110] 董涛：《Ocean Tomo 300~（TM）专利指数评析》，《电子知识产权》2008年第5期。

[111] 樊云慧：《P2P网络借贷的运营与法律监管》，《经济问题》2014年第12期。

[112] 方厚政：《专利质押贷款模式影响因素的实证研究——来自上海市的经验证据》，《上海经济研究》2014年第8期。

[113] 方厚政：《科技型中小企业从专利质押贷款中受益了吗？——基于上海市的实证分析》，《金融理论与实践》2015年第1期。

[114] 房汉廷：《关于科技金融理论、实践与政策的思考》，《中国科技论坛》2010年第11期。

[115] 费伦苏：《商业银行操作风险成因的委托代理理论解释》，《金融发展研究》2008年第10期。

[116] 宫晓林：《P2P网络借贷风险与监管——基于有限理性假设的分析》，《投资研究》2014年第6期。

[117] 顾海峰：《中小企业金融发展的创新路径研究——信贷配给视角下银保风险协作机制的建构》，《山西财经大学学报》2010年第1期。

[118] 郭峰：《知识产权质押贷款的法律风险及防范》，《中国资产评估》2008年第2期。

[119] 郭喜才：《基于互联网金融背景下的中小型科技企业融资问题研究》，《科学管理研究》2014年第2期。

[120] 韩刚：《商业银行金融创新与科技型小微企业融资困境突破——以交通银行苏州科技支行为例》，《金融理论与实践》2012年第4期。

［121］韩钢、李随成：《高科技中小企业专利技术质押融资业务的信贷合约设计》，《科技进步与对策》2012年第6期。

［122］韩倩、尉京红、郭庆：《知识产权质押评估业务的风险因素与风险模型》，《商业会计》2010年第17期。

［123］洪银兴：《科技金融及其培育》，《经济学家》2011年第6期。

［124］胡红星、张亚维：《中小企业信贷配给的综合模型》，《数量经济技术经济研究》2005年第7期。

［125］胡剑波、丁子格：《互联网金融监管的国际经验及启示》，《经济纵横》2014年第8期。

［126］胡志鹏：《发展新型环保增塑剂》，《精细化工原料及中间体》2007年第4期。

［127］纪建强、陈晓和：《科技型小微企业融资难的原因及对策研究》，《科技进步与对策》2013年第24期。

［128］蒋逊明：《中国专利权质押制度存在的问题及其完善》，《研究与发展管理》2007年第3期。

［129］金武、王浣尘、董小洪：《对风险厌恶型投资者克服逆向选择作为的信贷决策机制分析》，《上海交通大学学报》1996年第8期。

［130］兰瑛：《加强抵押评估管理维护金融资产安全》，《中国资产评估》2004年第3期。

［131］黎荣舟、庞素琳、徐建闻等：《不对称信息条件下抵押品的信号作用分析》，《系统工程理论与实践》2003年第2期。

［132］李春燕、石荣：《专利质量指标评价探索》，《现代情报》2008年第2期。

［133］李嘉：《专利质押融资中的政府定位》，《中国金融》2012年第3期。

［134］李建英、欧阳琦：《知识产权质押贷款走向市场化的路径研

究》,《河北经贸大学学报》2012年第2期。

[135] 李名梁、刘婧竹:《科技型小微企业发展环境及政策支持体系研究》,《科学管理研究》2014年第3期。

[136] 李明星、Nelson Amowine、何娣等:《转型升级背景下小微企业专利融资模式创新研究》,《科技进步与对策》2013年第18期。

[137] 李秀娟:《专利价值评估中的风险因素分析》,《电子知识产权》2009年第12期。

[138] 李毅学、汪寿阳、冯耕中:《物流金融中季节性存货质押融资质押率决策》,《管理科学学报》2011年第11期。

[139] 李振亚、孟凡生、曹霞:《基于四要素的专利价值评估方法研究》,《情报杂志》2010年第8期。

[140] 梁鸿飞:《西方信贷融资担保理论》,《北京大学学报》(哲学社会科学版)2003年第1期。

[141] 零壹财经 零壹数据:《中国P2P借贷服务行业白皮书》,中国经济出版社,2015。

[142] 刘建军:《中小企业知识产权质押贷款介绍》,《中国资产评估》2008年第2期。

[143] 刘利:《国际标准下的专利许可特性分析》,《科学学与科学技术管理》2010年第6期。

[144] 刘璘琳:《专利质押贷款模型及实证研究》,博士学位论文,华中科技大学,2012。

[145] 刘沛佩:《谁来为知识产权质押融资的"阵痛"买单——兼论知识产权质押融资的多方参与制度构建》,《科学学研究》2011年第4期。

[146] 刘芸、朱瑞博:《专利丛林背景下科技型小微企业融资长效机制构建》,《经济体制改革》2013年第6期。

[147] 刘运华：《专利权质押贷款的困境与出路》，《中南大学学报》（社会科学版）2010年第6期。

[148] 马维野：《知识产权若干问题的思考与辨析》，《中国科技产业》2011年第1期。

[149] 梅良勇、谢梦：《基于模糊数学的无形资产质押评估方法及应用》，《湖北大学学报》（自然科学版）2010年第1期。

[150] 梅强、马国建、杜建国：《中小企业信用担保路径演化研究》，《系统工程学报》2009年第3期。

[151] 苗凤丽、张初：《基于企业经济信息角度的专利权质押融资模型建立与实证研究》，《现代情报》2012年第7期。

[152] 缪莲英、陈金龙：《P2P网络借贷中社会资本对借款者违约风险的影响——以Prosper为例》，《金融论坛》2014年第3期。

[153] 聂尔德：《基于演化博弈视角的中小企业融资分析》，《财经问题研究》2011年第6期。

[154] 庞素琳、黎荣舟、刘永清等：《基于信息不对称的银行信贷风险决策机制及分析（Ⅰ）——信贷风险决策模型》，《系统工程理论与实践》2001年第4期。

[155] 庞素琳、刘永清、徐建闽等：《基于信息不对称的银行信贷风险决策机制及分析（Ⅱ）——信贷风险决策机制》，《系统工程理论与实践》2001年第5期。

[156] 庞素琳：《存在拖欠还款概率影响的信贷风险决策机制》，《系统工程理论与实践》2007年第10期。

[157] 彭湘杰：《知识产权质押融资理论发展、实践与借鉴》，《中国金融》2007年第5期。

[158] 秦亚丽：《知识产权质押融资有关问题的探讨》，《华北金融》2006年第12期。

[159] 饶越：《互联网金融的实际运行与监管体系催生》，《改革》

2014年第3期。

[160] 宋伟、胡海洋：《知识产权质押贷款风险分散机制研究》，《知识产权》2009年第4期。

[161] 宋永涛、苏秦：《基于贝叶斯网络的质量管理实践对绩效的影响评价》，《系统工程理论与实践》2011年第8期。

[162] 孙华平、刘桂锋：《科技型小微企业专利运营体系及融资模式研究》，《科技进步与对策》2013年第18期。

[163] 谭祖卫、郝江培、赵昌文：《基于科技金融的技术资产金融分析》，《科技进步与对策》2014年第9期。

[164] 唐雯、陈爱祖、饶倩：《以科技金融创新破解科技型中小企业融资困境》，《科技管理研究》2011年第7期。

[165] 田厚平、刘长贤：《企业资产规模、信贷市场结构与中小企业融资》，《管理科学学报》2010年第5期。

[166] 万小丽、朱雪忠：《专利价值的评估指标体系及模糊综合评价》，《科研管理》2008年第2期。

[167] 汪雪锋、刘晓轩、朱东华：《专利价值评价指标研究》，《科学管理研究》2008年第6期。

[168] 汪泉、史先诚：《科技金融的定义、内涵与实践浅析》，《上海金融》2013年第9期。

[169] 王斌、王健、谭清美：《科技型小微企业融资担保可行渠道：企业入股型担保公司》，《科技进步与对策》2013年第18期。

[170] 王璜：《知识产权质押融资的现状、问题及建议》，《知识经济》2012年第3期。

[171] 王会娟、廖理：《中国P2P网络借贷平台信用认证机制研究——来自"人人贷"的经验证据》，《中国工业经济》2014年第4期。

[172] 王璟：《论专利技术产业化中的技术性风险》，《浙江社会科学》2012年第2期。

[173] 王伟中、房汉廷、邵学清、楼健人、李希义等：《科技与金融的结合》，《中国科技论坛》2010年第12期。

[174] 王霄、张捷：《银行信贷配给与中小企业贷款——一个内生化抵押品和企业规模的理论模型》，《经济研究》2003年第7期。

[175] 王玥、秦学志：《双重违约风险下的银企共赢信用机理研究》，《运筹与管理》2008年第6期。

[176] 温明、孙鹤、涂洪谊：《专利价值的模糊综合评价模型》，《统计与决策》2012年第17期。

[177] 温小霓、武小娟：《P2P网络借贷成功率影响因素分析——以拍拍贷为例》，《金融论坛》2014年第3期。

[178] 文豪：《中小企业知识产权质押贷款的障碍原因及前景——来自银行从业人员的问卷调查研究》，《中国资产评估》2012年第2期。

[179] 吴大庆：《探索推动知识产权质押贷款发展的有效途径》，《中国金融》2007年第5期。

[180] 肖侠：《科技型中小企业知识产权质押融资管理对策研究》，《科学管理研究》2011年第5期。

[181] 谢娟娟、刘小瑜、廖鹏：《科技型小微企业金融支持探讨》，《科技进步与对策》2013年第9期。

[182] 谢平、邹传伟、刘海二：《互联网金融监管的必要性与核心原则》，《国际金融研究》2014年第8期。

[183] 辛书举：《谨防知识产权质押贷款风险》，《中国金融》2011年第15期。

[184] 徐泽水：《模糊互补判断矩阵排序的最小方差法》，《系统工程理论与实践》2001年第10期。

[185] 徐莉：《知识产权市场化路径分析——以知识产权质押融资的风险分解为视角》，《福建论坛》（人文社会科学版）2013

年第 7 期。

[186] 许珂、陈向东：《基于专利技术宽度测度的专利价值研究》，《科学学研究》2010 年第 2 期。

[187] 薛澜、俞乔：《科技金融：理论的创新与现实的呼唤——评赵昌文等著〈科技金融〉一书》，《经济研究》2010 年第 7 期。

[188] 晏俊、李虹含：《网络联保对科技型小微企业融资的促进作用》，《科技进步与对策》2013 年第 18 期。

[189] 杨晨、陶晶：《知识产权质押融资中的政府政策配置研究》，《科技进步与对策》2010 年第 13 期。

[190] 杨丹丹：《基于数据挖掘的企业专利价值评估方法研究》，《科学学与科学技术管理》2006 年第 2 期。

[191] 杨明：《专利权质押贷款的可操作性难题及其应对》，《电子知识产权》2011 年第 8 期。

[192] 杨松堂：《知识产权质押融资中的资产评估》，《中国金融》2007 年第 5 期。

[193] 杨延超：《为知识产权担保正名——质押还是抵押》，《电子知识产权》2008 年第 4 期。

[194] 杨秀瑞：《论银行与非银行金融机构的合作》，《时代金融》2012 年第 5 期。

[195] 姚王信、王红、苑泽明：《知识产权担保融资及其经济后果研究》，《知识产权》2012 年第 1 期。

[196] 姚王信：《企业知识产权融资研究：理论、模型与应用》，博士学位论文，天津财经大学，2011。

[197] 易余胤、肖条军：《我国信贷市场的进化与调控》，《东南大学学报》（自然科学版）2003 年第 4 期。

[198] 应飞虎：《权利倾斜性配置研究》，《中国社会科学》2006 年第 3 期。

[199] 余丹、范晓宇：《中小企业知识产权担保融资风险配置研究》，《科技进步与对策》2010年第16期。

[200] 禹海慧：《我国P2P网络贷款平台的弊端及管理》，《中国流通经济》2014年第2期。

[201] 袁桂秋、金能：《无违约风险的可调支付利率抵押贷款定价原理》，《系统工程学报》2004年第2期。

[202] 张伯友：《知识产权质押融资的风险分解与分步控制》，《知识产权》2009年第2期。

[203] 张古鹏、陈向东：《基于专利存续期的企业和研究机构专利价值比较研究》，《经济学》（季刊）2012年第4期。

[204] 张静琦、古文威：《现代信贷配给理论评述及启示》，《财经科学》2000年第4期。

[205] 张魁伟、许可：《中小企业专利质押融资的风险规避研究》，《财政研究》2014年第11期。

[206] 张立泉：《论公司专利权资本运营的法律风险防范》，硕士学位论文，中国政法大学，2008。

[207] 张恒、杜华东：《我国高技术企业融资的现状及政府参与方式研究》，《中国行政管理》2014年第5期。

[208] 张钦红、赵泉午：《需求随机时的存货质押贷款质押率决策研究》，《中国管理科学》2010年第5期。

[209] 张甦：《专利权质押贷款与保险结合的探索》，《中国科技论坛》2012年第2期。

[210] 张祥林：《影响知识产权质押评估的法律因素及应对措施》，《经济研究导刊》2012年第7期。

[211] 张彦巧、张文德：《企业专利价值量化评估模型实证研究》，《情报杂志》2010年第2期。

[212] 张玉明、李江娜、陈栋：《信息不对称、云融资模式与科技型

小微企业融资》,《科技进步与对策》2014年第15期。

[213] 张雪莹、张雯雯:《中小企业知识产权融资的国际经验与启示》,《区域金融研究》2010年第2期。

[214] 赵昌文、陈春发、唐英凯:《科技金融》,科学出版社,2009。

[215] 赵立雨、任静、贺红等:《社会网络视角下的科技型小微企业融资创新网络构建研究》,《科技进步与对策》2013年第18期。

[216] 郑春美、许玲玲、胡肖夫:《国外促进科技型小微企业发展措施及对中国的启示》,《科技进步与对策》2013年第18期。

[217] 郑素丽、宋明顺:《专利价值由何决定?——基于文献综述的整合性框架》,《科学学研究》2012年第9期。

[218] 曾江洪,杨帅:《P2P借贷出借人的羊群行为及其理性检验——基于拍拍贷的实证研究》,《现代财经:天津财经大学学报》2014年第7期。

[219] 周丽:《我国知识产权质押融资典型模式之比较分析——基于法律社会学的分析视野》,《电子知识产权》2009年第11期。

[220] 周训胜:《专利权质押融资的现状研究及对策建议》,《科技与管理》2012年第6期。

[221] 朱德宏:《专利权质押的可分性分析——兼论专利权质押融资风险的防范》,《西南交通大学学报》(社会科学版)2012第1期。

[222] 朱广其:《科技型小微企业融资难及金融支持——基于微型金融的视角》,《华东经济管理》2014年第12期。

[223] 朱国军、万朝阳:《专利质押融资的质物筛选系统研究》,《中国科技论坛》2011年第11期。

[224] 朱国军、许长新:《完全市场模式下银行专利质押融资质押率决策模型研究》,《科研管理》2012年第12期。

[225] 朱佳俊、李金兵、唐红珍:《基于CAPP的知识产权融资担保

模式研究》,《华东经济管理》2014年第5期。

[226] 左玉茹:《知识产权质押融资热的冷思考——基于我国中小企业融资模式与美国SBA模式比较研究》,《电子知识产权》2010年第11期。

图书在版编目(CIP)数据

专利权质押融资理论与实践研究/钱坤著.—北京:社会科学文献出版社,2015.9
ISBN 978 - 7 - 5097 - 7858 - 6

Ⅰ.①专… Ⅱ.①钱… Ⅲ.①专利权-融资-研究 Ⅳ.①F830.45

中国版本图书馆 CIP 数据核字(2015)第 173375 号

专利权质押融资理论与实践研究

著　　者 / 钱　坤

出 版 人 / 谢寿光
项目统筹 / 祝得彬
责任编辑 / 仇　扬　王小艳

出　　版 / 社会科学文献出版社·全球与地区问题出版中心(010)59367004
　　　　　　地址:北京市北三环中路甲29号院华龙大厦　邮编:100029
　　　　　　网址:www.ssap.com.cn

发　　行 / 市场营销中心 (010) 59367081　59367090
　　　　　　读者服务中心 (010) 59367028

印　　装 / 北京季蜂印刷有限公司

规　　格 / 开　本:787mm × 1092mm　1/16
　　　　　　印　张:11.5　字　数:147千字

版　　次 / 2015年9月第1版　2015年9月第1次印刷

书　　号 / ISBN 978 - 7 - 5097 - 7858 - 6
定　　价 / 49.00元

本书如有破损、缺页、装订错误,请与本社读者服务中心联系更换

▲ 版权所有 翻印必究